国际农业研究
2020

农业农村部农业贸易促进中心 编

中国农业出版社
北 京

编辑委员会

前言

FOREWORD

2019年，世界经济复苏缓慢，大国间贸易摩擦加剧使得全球供应链运行受到严重干扰，国际贸易面临更高壁垒，世界经贸发展增长动力进一步减弱。在此背景下，中国农产品贸易额继续增长，其中进口1 509.7亿美元，比上年增长10%；出口791.0亿美元，比上年下降1.7%。在农业资源环境约束增强、农产品消费需求刚性增长前提下，中国农产品贸易高质量发展仍将面临较大挑战，需要加强以国内大循环吸引全球资源要素，提高充分利用国内国际两个市场两种资源的能力。

为系统研究国际农业发展现状和问题并提出对策建议，农业农村部国际农业监测体系组织专家对国际农产品市场和主要国家农业政策开展了持续系统的跟踪监测。本报告集收录了2019年国际农业监测体系课题报告，内容包括了对大豆、肉类、食糖、蔬果等重点产品市场贸易情况的监测分析，以及对中美贸易摩擦、多双边贸易规则等热点问题的专题分析。希望本报告集能对研究探讨双循环背景下中国农业发展问题有所启示。

2020年11月

目 录

CONTENTS

综合篇

ZONGHE PIAN

2019年中国农产品贸易新特点和新动向

2019年，世界经济充满不确定性和不稳定性，在保护主义和单边主义冲击下，全球经济下行压力明显加大，多国经济同步放缓，全球贸易大幅放缓且增长乏力。据世界贸易组织（WTO）预测，2019年全球贸易增幅为0.5%～1.6%，贸易增幅持续低于经济增幅，世界经济和国际贸易相互拖累。受农产品需求增长缓慢和主要农产品产量减少影响，全球农产品供求正由宽松状态向基本平衡转换，贸易增幅出现下降。在此背景下，2019年中国农产品贸易总体上平稳增长，进口大幅增长，出口小幅下降。

一、2019年中国农产品贸易变化特点

（一）全年贸易总额平稳增长，呈“进增出减”特点，贸易逆差创历史新高

2019年中国宏观经济平稳发展，前三季度国内生产总值（GDP）同比增长6.2%，居民人均可支配收入同比实际增长6.1%，为各类农产品需求增长奠定了良好基础。2019年1—11月，中国农产品进出口总额2 067.3亿美元，同比增长4.3%。其中进口额1 358.2亿美元，同比增长7.1%；出口额709.1亿美元，同比下降1.8%；贸易逆差649.1亿美元，同比增长20%。预计全年农产品进出口总额将达2 261亿美元，同比增长4.3%；进口额1 476亿美元左右，同比增长7.7%，出口额784亿美元左右，同比下降1.6%；贸易逆差约689亿美元，同比增长20%，创历史新高。

（二）预计全年谷物进口量下降15%以上，油籽进口量约降5%，食用植物油与饼粕进口量大幅增长

2019年1—11月，谷物进口1 600.4万吨，同比下降17.6%。其中小麦进口299.1万吨，同比增长4.4%；大米进口216.9万吨，同比下降22.6%；粗粮进口1 066.4万吨，同比下降21.3%。食用油籽进口8 338.6万吨，同比下降5.5%。其中大豆进口7 896.9万吨，同比下降4.1%。预计全年谷物进

口约1 691万吨，同比下降17.5%。其中小麦进口约323万吨，同比增长4.8%；大米进口约238万吨，同比下降22.5%；粗粮进口约1 112万吨，同比下降21.3%。食用油籽进口约8 931万吨，同比下降5.5%；其中大豆进口约8 446万吨，同比下降4.1%。谷物和油籽进口下降主因：一是2019年中国粮食产量创历史新高，市场供给充足，国内外大米价差呈缩减态势，进口动力减弱；二是受中美贸易争端叠加非洲猪瘟影响，对大麦、高粱、干酒糟及其可溶物（DDGS）、大豆的饲用需求减少；三是受中国与加拿大关系紧张影响，自加进口油菜籽减少。

2019年1—11月，食用植物油进口1 168.1万吨，同比增长41.6%；饼粕进口361.2万吨，同比增长69.6%。预计全年食用植物油进口约1 314万吨，饼粕进口约419万吨。植物油与饼粕进口大幅增加主因：一是大豆等食用油籽进口下降形成植物油和饼粕供给缺口；二是方便面等加工食品产量增长带动棕榈油需求增加。

（三）受中国减产预期及价差扩大影响，预计全年棉花进口量同比大幅增长27%，食糖大幅增长21%

2019年1—11月，棉花进口177.7万吨，同比增长26.6%；预计全年棉花进口206万吨左右。受国内外棉花价差变动影响，棉花进口先升后降。上半年国际棉价大跌，国内外棉花价差呈扩大趋势，刺激了棉花快速进口；下半年国际棉价大涨，国内外棉花价差呈缩小态势，进口减少。

2019年1—11月，食糖进口317.6万吨，同比增长20.6%；预计全年食糖进口约337万吨。增幅较高的主因是中国的气候条件不利使糖料主产区减产，供求关系趋紧刺激中国市场糖价连续上涨。国际糖价则受前期食糖高库存影响而整体呈下降趋势，在国内外价差不断扩大的情况下，食糖进口量大幅增加。

（四）中国肉类产品供求紧张，猪牛羊禽肉进口量均大幅增长，预计全年肉类产品进口量超600万吨

2019年1—11月，猪肉进口173.3万吨，同比增长57.9%；猪杂碎进口103.5万吨，同比增长15.5%；牛肉进口147万吨，同比增长57.3%；羊肉进口35.5万吨，同比增长21.8%；禽肉进口70.9万吨，同比增长54.2%。预计全年肉类产品进口总量600万吨以上。其中猪肉进口200万吨左右，同比增长65%；猪杂碎进口119万吨左右，同比增长24%；牛肉进口166万吨左右，同比增长59%；羊肉进口39万吨左右，同比增长23%；禽产品进口79

万吨左右，同比增长56%。非洲猪瘟疫情延续叠加环保禁养政策影响，中国生猪供给大幅减少，下半年猪肉价格暴涨，进口需求快速增加。同时猪肉价格上涨使消费向牛羊禽产品转移，带动整体肉类进口激增。

（五）受出口市场疲软影响，中国优势农产品出口出现全面下滑，进口均大幅增长

2019年1—11月，水产品出口186.3亿美元，同比下降8.2%，进口168亿美元，同比增长22.2%。预计全年水产品出口205亿美元左右，同比下降8%；进口183亿美元，同比增长23%；贸易顺差缩至22亿美元左右。变化原因：一是中国对高蛋白食品消费需求不断增长，水产品出口势头弱化而进口势头增长；二是中国水产品生产成本上涨，国际市场价格竞争力不断下降；三是全球经济放缓叠加中美贸易争端对水产品出口产生负面影响。

2019年1—11月，水果出口64.1亿美元，同比增长0.5%；进口95.7亿美元，同比增长23.8%。预计全年水果出口72亿美元左右，同比约增长0.5%；进口104亿美元左右，同比增长24%；贸易逆差扩大至32亿美元左右。变化原因：一是中国主动提升水果贸易自由化水平，进口关税降低，高价值水果进口大幅增加；二是气候条件不利导致上半年中国水果供求关系趋紧，对水果出口不利。

2019年1—11月，蔬菜出口139.8亿美元，同比增长1.2%；进口额8.7亿美元，同比增长19.3%。预计全年蔬菜出口154亿美元左右，同比增长1%；进口10亿美元左右，同比增长19%；贸易顺差144亿美元左右。变化原因：一是中国蔬菜生产成本上涨，产品价格竞争力下降；二是蔬菜产品在日本韩国等主要出口市场面临越南蔬菜产品激烈竞争；三是主要贸易伙伴经济放缓叠加中美贸易争端对中国蔬菜出口不利。

（六）农产品进口来源结构优化，市场集中度下降，中美农产品贸易额同比下降23%

2019年1—11月，中国农产品前五大进口来源地为巴西、美国、澳大利亚、新西兰和加拿大，与上年同期一致，但合计占比同比下降7.8%，为47.2%。前五大出口市场为日本、中国香港、美国、越南和韩国，与上年同期一致，但合计占比同比下降3.2%，为47%。中美双边农产品贸易规模179.8亿美元，同比下降22.8%；其中自美国进口121.2亿美元，同比下降22.1%；对美国出口58.6亿美元，同比下降24.2%。

二、中国农产品贸易反映的突出问题

（一）重要农产品国际市场供应数量有限，无法过度依赖进口保障国内供给

受非洲猪瘟等因素影响，2019 年中国肉类产品供求紧张，猪牛羊禽产品进口量都出现大幅增长，全年各种肉类及杂碎进口达 600 多万吨，占全球肉类产品总贸易量近 20%，但也仅能满足中国消费总量的 6%～7%；即使把全球 3 000 多万吨可供贸易的肉类产品都买回来也只够中国消费总量的 1/3，无法保障国内肉类消费稳定供给。应该说这给中国在高度开放条件下，如何保障国内重要农产品有效和稳定供给任务敲响了警钟，即口粮和猪肉等重要农产品国内生产能力必须常抓不懈、毫不松懈！大宗农产品保持一定自给水平是非常必要的，中美贸易摩擦背景下的大豆就是典型例子。加快解决大豆等外贸依存度高的农产品进口来源地结构优化和供给保障问题迫在眉睫。

（二）劳动密集型农产品进口全面大幅增长，反映出中国农产品整体国际竞争力下降

在国际农产品贸易增长放缓的大背景下，2019 年中国水产品和果蔬产品等传统优势农产品进口均呈大幅增长，水果产品逆差进一步扩大，水产品顺差趋小，这种变化一定程度反映了加入 WTO 以来，中国不仅是粮棉油糖等土地密集型产品进口增长迅速，果蔬产品和水产品等劳动密集型产品进口也进入全面快速增长阶段，农业整体国际竞争力呈不断下降趋势。随着劳动人口逐渐减少、人口红利逐渐消失及农业劳动力成本不断攀升，预计未来中国劳动密集型农产品比较优势还将进一步丧失，高度开放条件下如何全面、系统地提升农产品国际竞争力问题日益迫切。

（三）全球农产品贸易环境日趋复杂，贸易摩擦频繁发生

当前全球政治经济格局快速变化，全球经济下行压力加大，贸易保护主义盛行，农产品贸易在各国政治外交中的地位和作用不断提升，其政治性、经济性和外交性叠加效应日趋明显，都使得中国农产品贸易面临的环境更为复杂，各种贸易摩擦频繁发生。现行的国际贸易摩擦解决机制基本由西方国家建立，依据的是西方贸易经验，在此机制下解决贸易摩擦，中国多处于劣势地位，这已在中美贸易争端中得到突出体现。2018 年中美贸易摩擦以来，中国主要是通过单纯的限制相关农产品进口方式进行反制，而国内农产品供给能力有限，

制约了反制措施的实施效果。因此须加强农产品国际贸易监测预警与应对机制建设。

三、2020年农产品贸易趋势与展望

（一）全球经贸形势转为稳中向好，但不稳定因素仍然存在

预计2020年全球经济发展将保持稳中向好态势。国际货币基金组织（IMF）预计2020年全球产出增长3.4%，比上年提高0.4%。国际贸易环境也将有一定程度改善，特别是中美就第一阶段经贸协议文本达成一致对缓解全球贸易紧张局势发挥了重大积极作用。但全球经济仍存在一定不确定性，一是中美贸易协商走入深水区；二是伊朗问题开始走向激化；三是美国大选及贸易政策不确定性显著增强。预计2020年国际经贸形势呈稳中向好态势，但仍存在较大不确定性。

（二）全球大宗农产品供求关系发生重要变化，正从基本宽松转向基本平衡

据联合国粮食及农业组织（FAO）数据显示，全球大宗农产品除小麦产略大于需达600万吨外，粗粮、大米、食用油、饼粕、食糖等均产不足需，特别是粗粮产需缺口达800万吨。较上一市场年度，小麦库存消费比上涨0.2%，粗粮库存消费比下降2.6%，大米库存消费比下降0.9%，食用油库存消费比下降2.3%，饼粕库存消费比下降4%，食糖库存消费比下降2.2%。另据美国航空航天局消息，2020年太阳活动将进入极小期，全球气温可能会进入一个下降周期，对全球农产品生产不利。总体看，自2012年以来全球主要农产品市场经历下行周期即将进入新的阶段，2020年全球大宗农产品供求关系可能发生重要变化，其特征就是从长期基本宽松向基本平衡转变，未来几年进入供求偏紧的可能性不断上升。

（三）农产品贸易在国际政治外交博弈中的作用继续增强，贸易政策与贸易摩擦的不确定性带来的影响越来越大

近年来全球农产品贸易环境整体趋于复杂。伴随着全球贸易保护主义不断回潮，农产品贸易在政治外交中的地位和作用显著提升，农产品贸易受政治外交变化影响也越来越大。从当前贸易摩擦案例中可以清晰地看到，某些发达国家和地区行政权力在贸易问题上被滥用，全球范围内贸易摩擦的发生更加难以预测与应对。在这一环境与背景下，中国农产品贸易发展受国内外贸易政策调

整与贸易摩擦影响会日益增大。

（四）预计 2020 年中国农产品进口将继续大幅增长

一是中国消费需求增长明显，快于全球需求增长，价差驱动进口增长仍将发挥主要作用。二是非洲猪瘟对国内养殖业的影响预计持续到 2020 年下半年，国内猪肉价格上涨引发消费者向禽类和牛羊肉进行转移消费，一方面拉动国内相关养殖行业发展，对玉米、大豆等作物的饲用需求上涨，另一方面将直接带动禽肉和牛羊肉进口增加。三是中美第一阶段经贸协议实施后，中国将大幅增加对美农产品进口，带动农产品整体进口快速增长。

（五）预计 2020 年中国农产品出口形势难以明显改善

在单边主义和保护主义抬头、全球范围内非关税措施激增及世贸组织陷入改革纷争等复杂多变形势下，全球农产品贸易改善难度较大，中国农产品主要出口市场需求难以改善。中国对日欧等国家和地区优势农产品出口增长将较艰难，对美农产品出口将有小幅增长。总体看，2020 年中国农产品出口将出现一定幅度增长，但出口形势难以明显改善。

四、政策建议

（一）加快转变农产品贸易发展指导思想，为高度开放条件下推动农业高质量发展创造良好环境

加入 WTO 以来，中国政府依据发展阶段国情和国际规则要求构建了农业支持保护体系，为农业持续健康发展创造了良好环境。但需看到，党的十八大以来随着五大发展新理念深入贯彻实施，农业发展面临着越来越多新要求，对外开放水平全面提升、生产发展越来越绿色环保、消费者对高质量产品需求日趋旺盛等。新形势下“简单防守”的农产品贸易思想已无法适应国内外贸易环境要求，要加快改变发展思路和创新指导思想，加快系统改革和完善农业支持保护政策体系，在坚持“口粮绝对安全、谷物基本自给”的前提下，扩大提升和优化农产品贸易，促进供给侧结构性改革和高质量发展。

（二）加快优化自美农产品进口结构，最大限度降低对国内相关产业冲击

当前中美将就第一阶段经贸协议文本达成一致，中国承诺大幅增加自美国农产品进口。如果按照既有自美国农产品进口结构同比例增加进口，来自

美国的廉价小麦等大宗农产品一方面会对中国已经形成的供大于求的市场产生较大冲击，也不利于这些重要农产品进口来源的多样化布局；另一方面如果短期内小麦等重要农产品进口大量增加也可能会对中国生产造成冲击，不利于国内产业持续健康发展。因此，应尽快研究优化细化自美国进口产品结构。

（三）加快优化主要农产品进口来源布局，提高中国重要农产品全球贸易保障能力

从目前中国农产品进口来源地结构看，市场集中度仍较高，农产品进口来源结构优化程度有待提高。中美贸易摩擦背景下中国大豆供应保障即是鲜活例子，尤其是国内需求量大、进口量在全球贸易中占较大份额，出口国家和地区又相对集中的农产品亟须优化进口来源布局。2018 年下半年到 2019 年出现的大豆进口依存度较高的同时进口来源地过于集中，猪肉的国际市场供给无法短期内适应和满足国内需求等问题，都对中国充分挖掘国际市场供给潜力，加快优化主要农产品进口布局提出了新要求，尤其是在全球贸易摩擦发生频次不断上升的背景下，需从全球视野和长期角度加快优化重要农产品贸易保障格局，提高中国全球贸易保障能力。一方面需加快挖掘“一带一路”倡议沿线国家农产品生产和出口潜力，利用区域和双边自贸协议为农产品供给提供新的增长点；另一方面要加快综合利用财政、税收和对外投资等多种手段培育中国涉农企业在全球重要农产品供应链和价值链中发挥重要作用。

（四）以“稳定大宗、突出特色”为发展思路，全面提升农业国际竞争力

应该说，加入 WTO 以来中国构建的农业支持保护体系主要是针对粮棉油糖等大宗农产品产业发展，受财力和政策经验限制，对众多特色农业产业给予的政策支持远远不够。中国人多地少、水更少的基本国情决定了土地密集型的大宗农产品将无法具备美洲和大洋洲这些新大陆国家的竞争优势。相对来说，中国地域广阔、生态条件多样及数千年形成的悠久农耕文明是世界上多数国家不具备的独特条件，上千种特色优势产业蕴含着巨大的竞争优势，因此要以“稳住大宗、突出特色”为主线创新农业发展思路，对现行农业产业支持保护政策体系进行大幅改革调整，在加强粮棉油糖等大宗农产品产业支持保护的同时，加快对遍布全国的各类特色农业探索建立产业支持政策体系，有针对性地予以扶持，全面提升中国农业产业国际竞争力。

（五）根据国内外发展形势新要求，加快改革和优化中国农业贸易政策体系

一是市场准入方面，进一步科学系统研究和量化哪些产品还有降税空间，为未来主动扩大进口提供可能；二是对口粮等重要农产品精确使用微量许可支持措施，在世贸组织规则范围内用足用好；三是尽快系统研究和扩大“绿箱”政策使用范围，不仅是保险投入和资源环境保护补贴，也要充分利用开放过程中农民就业转移补贴以及产业结构调整援助补贴等；四是要针对部分具备较大出口潜力的特色农产品提供出口基地建设和国际品牌培育支持；五是加快创新和完善中国农产品贸易方式和手段，加快发展跨境电商等农产品贸易新形式，在跨境支付、跨境物流上创新监管方式，探索区块链技术在农产品贸易中的应用，削弱汇率波动对中国农产品贸易的不利影响；同时加强对“一带一路”倡议沿线国家和地区农产品供求和贸易等监测预警工作，为中国农产品进口市场多元化选择提供决策依据。

农业贸易促进体系建设的国际跟踪监测

农产品出口意义重大，对于促进中国农业产业升级与结构调整，增加农民收入，以及提高中国农产品在国际市场中的竞争力都具有至关重要的作用。但近年来国际贸易形势愈加复杂，贸易保护主义卷土重来，非关税壁垒盛行，贸易摩擦不断升级。国际贸易环境复杂性对中国农产品出口造成了巨大的挑战和压力，导致出口放缓、优势减弱。促进农产品出口迫在眉睫，着力构建中国的农业贸易促进体系尤为必要。因此，本报告将通过梳理美国、加拿大、欧盟、日本的贸易促进体系现状，跟踪其贸易促进动向，以便实时了解世界农业贸易大国的农业贸易促进体系及农业贸易促进项目实施情况。

一、美国农业贸易促进体系

（一）美国农业贸易促进体系的目标、支撑与实施

美国作为世界第一大农产品出口国，构建了成熟完备的农业贸易促进体系，目的在于有效提高其农产品国际竞争力，不断促进农产品出口、促进农民就业和增收。

美国农业法案是美国农业贸易促进体系的强有力支撑，不仅为农产品出口促进政策提供法律保障，也可保证农产品出口促进的持续性和项目的可操作性。自1933年美国颁布第一部农业法案以来，每一期农业法案都会根据形势的变化在前一期法案基础上进行修改或添加，以适应新形势。随着国际贸易形势的变化，农产品贸易在法案中的地位越来越重要，并逐渐成为法案中单独的一卷——第三卷贸易（Title Ⅲ-Trade）。

《2018年农业提升法案》第三卷贸易包括三项条款：子条款一《粮食用于和平法》规定了美国国际开发署（United States Agency for International Development，USAID）负责管理的紧急与非紧急粮食援助的相关项目及预算；子条款二《1978年农业贸易法》规定了美国农业部（United States Department of Agriculture，USDA）负责管理的出口促进项目及预算；子条款三名为“其他农业贸易法”，主要针对农业和发展项目的食品促进项目，以及麦格

文多尔国际教育和儿童营养食品计划进行了立法保障，这两个项目也均由美国农业部负责管理。

美国农业部海外农业服务局、商品信贷公司、农业协会及农业团体分工协作，共同推动美国农业贸易促进项目的有效实施。海外农业服务局拥有世界上最发达的全球性农业信息通报体系，可以根据美国农产品贸易情况有针对性地组织实施各类出口促进计划；商品信贷公司（CCC）是美国联邦政府成立的农业政策性金融机构，隶属农业部，承担着稳定农产品价格、保障农民收入、实施环境保护、提高农产品国际竞争力等重要职能；农业协会和农业团体属于美国农产品出口促销体系中的半官方机构，是农业贸易促进项目从农业部落实到农产品出口商和生产商的重要桥梁。农业协会和各类农业团体代表农产品生产商与出口商的利益，专门帮助他们开拓市场、促进出口、增加收益。

美国目前实施的贸易促进项目大致分为两类：出口市场发展项目和出口融资支持项目，这两个项目下又各包含若干子项目，由商品信贷公司根据美国农业部授权提供资金。出口市场发展项目负责帮助美国农产品建立、维持和开拓出口市场，包括市场准入项目、海外市场开发项目、新兴市场项目、特种作物技术援助项目和质量样本项目；出口融资支持项目负责提供支持农产品出口的信用担保，包括出口信用担保项目和设备担保项目。而 2018 年 9 月初实施的一系列贸易援助计划当中的农业贸易促进计划（Agricultural Trade Promotion Program，ATP）是新增的一项贸易促进项目。

（二）美国农业贸易促进体系的政策支撑及立法保障

美国农业贸易促进体系建设较为成熟，以农业法案为代表的农业法律及有关政策为美国农业贸易促进体系提供了强有力的支撑。接下来我们将重点关注美国农业贸易促进体系的政策支撑及立法保障，具体包括美国农业法案的历史沿革，以及其中与农业贸易相关的政策调整。

1. 历史演进

美国联邦政府历来重视农业政策的制定和实施，主要载体是农业法案。农业法案的制定和修改反映了农业政策的调整与变化。农业法案一般由美国国会每 5 年制定一次，1933—2019 年，美国共出台了 18 部法案。每一期农业法案都会根据形势的变化和发展在前一期法案的基础上进行修改或添加新的内容，以适应新形势。根据美国在不同时期所服务的农业政策目标不同，美国 18 部农业法案可以分成 4 个阶段。第一阶段（1933—1989 年），美国实行的农业政策以农产品价格支持和补贴为主，其主要目标是减轻农产品过剩的压力，调节供求关系，促进农产品出口。第二阶段（1990—2001 年），美国农业政策发生较大变革，逐渐开始引导农业生产市场化，减少农业补贴。主要原因是美国农产品供过于求，出现严重过剩；对国际市场的依赖程度加剧，农产品贸易越来越重要，因此美国减少农业补贴，取消贸易壁垒，扩大农产品出口。第三阶段（2002—2013 年），美国农业政策的主要目标为确保农民收入的稳定，提高农业补贴。在此期间，美国增加补贴种类，实施直接补贴和反周期补贴。第四阶段（2014 年至今），美国以高补贴为主的农业支持保护思路发生逆转，政府逐步放弃对农业生产和农产品市场的直接干预，调控手段趋于市场化。此阶段目前共有两部农业法案，即《2014 年新农业法案》《2018 年农业提升法案》。

2. 美国农业法案中关于促进农业贸易的规定

美国农业法案属于一揽子综合立法，其中关于贸易促进的规定随国际贸易形势不断调整，相关条款只在规定时间内有效。1985 年之后农业法案中关于贸易促进的内容大致可以分为三大部分：基于《480 公法》的国际粮食援助项目，基于《1978 年农业贸易法》的出口市场发展项目，其他关于贸易促进的规定。

（1）国际粮食援助项目。美国农业法案规定，粮食援助的目的在于增加美国农产品在国外的消费，扩大国际贸易，改善美国的对外关系。1985 年之后农业法案中的国际粮食援助项目主要包括粮食促进项目、农民对农民项目、微量营养素强化项目、McGovern-Dole 国际食品促进教育和儿童营养项目、比尔爱默生人道主义信托基金、地方和区域采购项目和粮食发展项目。①粮食促进项目基于信贷或赠予条件向受援国提供粮食，援粮转售收入用来支持农业以市场为导向的改革，包括价格政策、投入品供应和分配政策等，并由商品信贷公司为商品的销售和出口提供资金。②农民对农民项目旨在进一步帮助发展中国家、中等收入国家和新兴民主国家扩大农业生产和增加农民收入。通过这个项目，向这些国家转让美国农业生产者和企业的知识和专业技能，以现金和实物服务请求和支持技术援助的形式来改善动物健康、大田作物种植、水果和蔬菜种植、畜牧业经营、食品加工和包装、农业信贷、市场营销、农业推广等。③微量营养素强化项目的提出是为了协助发展中国家改善部分人口饮食缺乏微量营养素的局面，鼓励发展可随时转让给发展中国家的全谷物和其他商品的强化技术。具体措施为农业部部长通过制定微量营养素强化试行项目，并从有资格获得援助的国家中选择不超过 5 个发展中国家参加试行方案，并向选定国家提供的全谷物和其他商品添加该国部分人口缺乏的一种或多种微量营养素。④McGovern-Dole 国际食品促进教育和儿童营养项目向私营志愿组织、合作社、政府间组织、发展中国家政府及其机构和其他组织提供援助，为采购农产品服务国外营养项目提供财政和技术支持。⑤比尔爱默生人道主义信托基金是美国农业部持有的强制资金储备。当《粮食用于和平法》第二章的资金无法满足紧急粮食需求时，此基金可以作为第二章的补充。⑥地方和区域采购项目规定，农业部部长应向有资格的组织提供赠款或与之签订合作协议，在当地采购商品，以应对粮食危机和灾害。该项目旨在为弱势群体提供食品援助，而且可以优先考虑在 McGovern-Dole 国际食品促进教育和儿童营养项目下拥有或正在开展项目的合格组织。⑦粮食发展项目提供合格的商品，在发展中国家和友好国家执行援助方案。

（2）农产品出口促进项目。农产品出口促进项目主要包括市场开发和出口促进项目以及出口信贷担保项目。①市场开发和出口促进项目包括外国市场开发项目、市场准入项目、新兴市场项目、特种作物技术援助项目和质量样本项目。外国市场开发项目用以维护和开发美国农产品的外国市场，根据与合格贸易组织签订的合同或协议，向其提供成本分摊援助，并为实施此项目所需的其他费用提供援助。市场准入项目通过向实施外国市场开发计划的合格贸易组织提供成本分摊援助，鼓励开发、维护和扩大农产品出口市场。新兴市场项目旨在保持或扩大美国农产品对海外新兴市场的出口，减少贸易壁垒及增加投资。特种作物技术援助项目主要通过技术支持帮助农业出口商应对出口贸易中面临的有关特种农作物出口的卫生、动植物检验检疫和有关技术贸易壁垒，特种农作物包括除小麦、饲料谷物、含油菜籽、棉花、大米、花生、糖和烟草之外的所有作物及产品。质量样本项目参与者将获得农产品样品向潜在市场出口，获知潜在市场的消费情况。②出口信贷担保项目主要包括出口信贷担保项目（Export Credit Guarantee Program，GSM－102）和设备担保项目（Facility Guarantee Program，FGP）。出口信贷担保项目旨在通过提供有竞争力的信贷条件来促进美国农产品出口，经美国农业部评估认为有能力偿还担保贷款的国家可以使用该项目。设备担保项目旨在提供信贷担保，用来支持因缺乏足够设施而限制美国农产品需求的国家基础设施的改进，为美国制成品和服务的融资提供便利，以改善或建立新兴市场的农业相关设施，促进美国农产品出口。

（3）其他农产品贸易法的规定。其他农产品贸易法的规定包括科克伦奖学金项目（Cochran Fellowship Program）、美国农业出口卓越奖（United States Agricultural Export Excellence Award）、生物技术和农业贸易项目（Biotechnology and Agricultural Trade Program）、博洛格奖学金计划（The Borlaug Fellowship）、国际粮食安全技术援助条款（International Food Security Technical Assistance provision）和国际农业教育研究金计划（International Agricultural Education Fellowship Program)。①科克伦奖学金项目为在美国学习的中等收入和新兴民主国家的农业专业人员提供奖学金，目的是使得农业人员获得专业知识和技能来协助上述国家发展必要的农业系统，以满足上述国家人口的粮食需求以及加强他们与美国的农业贸易联系。②美国农业出口卓越奖主要是为了表彰农产品出口企业开发新产品和服务、开拓新市场的努力，以及传播分享关于开拓新市场的成功经验的做法。③生物技术和农业贸易项目授权美国农业部对生物技术、粮食安全、疾病及 SPS 问题快速做出干预反应，并为动物卫生、粮食质量和转基因商品等方面的双边谈判提供草案。④博洛格奖学金计划通过为发展中国家的研究人员和决策者提供培训和合作研究机会来促进粮食安全和经济增长。⑤国际粮食安全技术援助条款授权每年向农业部部长提供 100 万美元，用于收集有关改善国际粮食安全的信息并提供技术援助。⑥国际农业教育研究金计划旨在向发展中国家青年提供技术援助，以发展农业推广和教育计划。此项目授权年度拨款 500 万美元。

(三) 美国贸易促进体系在其应对中美经贸摩擦中的作用

中美经贸摩擦发生后，美国依靠其完备的农业贸易促进体系，快速实施紧急援助措施。美国贸易促进体系的灵活性和高效性保证美国在面临突发情况时，可以灵活实施应急保障措施并使资金迅速到位。

1. 中美经贸摩擦后美国的应急措施

为了减少经贸摩擦给美国生产者造成的损失，美国农业部提出紧急援助计划，并为农业生产经营者提供两期百亿美元的短期紧急援助资金。其中，第一期援助资金为 120 亿美元（2018 年 7 月宣布），第二期援助资金为 160 亿美元（2019 年 5 月宣布）。援助主要以现金补贴的形式发放给符合条件的农牧场主，补贴资金通过美国农业部商品信贷公司（CCC）向农户提供。紧急援助计划分为以下三类：①向符合条件的农业生产者提供直接付款的市场促进计划（Market Facilitation Program，MFP）；②由政府购买过剩农产品的食品采购与分配计划（Food Purchase and Distribution Program，FPDP）；③提供出口促销援助的农业贸易促进计划（Agricultural Trade Promotion Program，ATP）。其中，援助计划的重点是 MFP，两轮 MFP 援助金额均占各期援助计划总金额的 85%以上。

2. 贸易促进体系应急保障机制

（1）法律授权的灵活性。紧急贸易援助计划的法律授权源自《1948 年商品信贷公司宪章法》（Commodity Credit Corporation Charter Act of 1948，简称《CCC 宪章法》)。《CCC 宪章法》的授权具有相当大的灵活性，使得农业部在面对突发情况时能迅速采取应急措施。

《CCC 宪章法》授予农业部部长执行贸易援助一揽子计划的广泛自由裁量权，也允许部长确定如何计算和分配援助。另外，美国农业部在这两次援助计划中使用了宪章法中一般权力规定（General powers）所赋予的广泛权力，使得商品信贷公司在农业部部长的指导下，能够开展几乎任何支持美国农业发展的行动，包括通过贷款、购买、付款和其他业务支持农产品价格及促进出口，帮助开发外国商品市场的权力。更值得关注的是，利用《CCC 宪章法》中关于农业部可以不经国会同意直接从商品信贷公司借款用于紧急事件的规定，农业部得以在没有国会参与的情况下利用商品信贷公司的授权迅速启动实施紧急贸易援助计划。

（2）资金配置的灵活性。在这两次贸易援助计划中，商品信贷公司利用其可从财政部借款的永久特权，为美国农业部的援助项目提供资金，从而稳定农产品价格、保护农民收入和促进美国农产品出口。同时，资金配置模式也显示出灵活性，商品信贷公司可以利用联邦储备银行系统以及美国财政部来进行支付，使得 CCC 能够迅速获得拨款并用以支持美国农户。

（3）执行机构职责分明。商品信贷公司隶属于美国农业部，没有自己的员工，通过 CCC 资助的项目主要是由美国农场服务局（Farm Service Agency，FSA）和海外农业服务局（Foreign Agricultural Service，FAS）雇员进行管理。CCC 获得拨款后，由这两个机构将资金迅速发放到农民手中以及采取扩大出口措施，从而应对中美贸易摩擦对美国农民造成的经济损失。美国农场服务局在全国范围内向农民和牧场主实施农场计划以及农场贷款。美国农场服务局的办事处遍布全国，款项可以便捷迅速地发放给遭受贸易损害的农业生产者。美国农场服务局在商品信贷公司的指导下管理贸易援助计划中的农业贸易促进计划（ATP）。ATP 将为符合条件的美国组织提供成本分摊援助，用于消费者广告、公共关系、销售点演示、参加交易会和展览、市场研究和技术援助等活动。此外，农业营销服务中心（Agricultural Marketing Service，AMS）也在这两期贸易援助计划中担任重要角色，体现在购买受到贸易摩擦影响的产品、帮助供应商推广、维护确保商品的采购规格等。

二、加拿大农业贸易促进体系

（一）加拿大农业贸易促进体系的目标

加拿大农业贸易促进的目标是构建各级政府间协调一致的农业政策框架，有效促进农产品进一步出口。农业是加拿大经济的重要组成部分，每年创造产值超过 752.8 亿美元，约占整个 GDP 的 7%。正是由于农业在整个国民经济中的重要地位，加拿大各级政府都从本级政府立场出发制定保障和促进当地农业发展的政策。尽管各级政府可以根据各地农业生产情况制定相应的贸易促进措施，但联邦、省和地方政府之间缺少一个方向性一致的合作平台，导致联邦、省和地方政府在政策实施中经常会出现相互矛盾和竞争的问题，降低了农业贸易促进措施的有效性。因此，构建各级政府间协调一致的农业政策框架，促进农产品出口是加拿大农业贸易促进体系的主要目标①。

（二）加拿大农业贸易促进体系的支撑

加拿大农业政策框架（Agriculture Policy Framework，APF）为其农业贸易促进提供了很好的法律支撑。最新的农业政策框架是 2018 年发布的“加拿大伙伴关系”（Canadian Agriculture Partnership，CAP）。以 CAP 为指导，加拿大农业及农业食品部（AAFC）通过提供农业市场营销计划和农业竞争力计划来促进贸易增长和开拓市场。2019 年，加拿大农业及农业食品部为促进贸易增长和开拓市场提供的财政预算资金为 2.97 亿美元，为加拿大农业贸易促进体系工作的开展提供了资金保障。

（三）加拿大农业贸易促进体系的实施机构

为更好地实施农产品出口计划，加拿大农业及农业食品部成立出口商农业食品贸易处和农业食品贸易问题解决处。出口商农业食品贸易处为出口商提供的服务包括：国际农产品市场情报、农业和粮食贸易专员服务、贸易展览服务、“加拿大品牌计划”“农业保障计划”。农业食品贸易问题解决处则专门就农产品出口遇到的问题提供及时的解决方案。

（四）加拿大农业贸易促进体系的实施机制

加拿大贸易促进工作主要是通过农业市场营销计划和农业竞争力计划来具体开展。农业市场营销计划是一项为期 5 年、财政投入高达 1.21 亿美元的联邦计划，旨在帮助增加农业出口。该计划通过支持国家工业协会和中小型企业申请市场营销计划，开展市场营销活动，以解决市场准入、开发新市场、扩大或维持现有市场所存在的问题。为了进一步促进农业市场营销计划，加拿大政府积极通过签订贸易协定来开拓新的国际市场。目前已经生效的贸易协定有

① 孙钊，郭敏，卓富彦，等．加拿大农业政策框架《卡尔加里宣言》对中国农业发展的启示[J]．世界农业，2017（9）：105－108.

60 个。农业竞争力计划是一项为期 5 年、财政预算 2 050 万美元的联邦计划，旨在帮助农业部门利用和协调现有能力，增强安全性，适应不断变化的商业和监管环境，抓住新机会，分享实践经验并指导出口商抓住出口机会。该计划支持非营利组织进行申请，通过开展一系列增强公众对加拿大农产品信任的农业宣传活动来提高其国际知名度。

三、欧盟农业贸易促进体系

（一）欧盟农业贸易促进体系的目标

欧洲联盟农业贸易促进体系的总目标是提高欧盟整体农业部门的竞争力，从而在欧盟内部市场和第三方市场实现更公平的竞争。具体目标包括：①提高消费者对欧盟农产品优点和欧盟高标准生产方式的认识；②提高欧盟农产品和某些食品的竞争力与消费量，并提高它们在欧盟内外市场的形象；③提高市场对欧盟质量计划的认识和认可；④增加欧盟农产品的市场份额，特别是在增长潜力最大的第三方市场中欧盟产品的市场份额；⑤在市场出现严重混乱、消费者信心丧失或其他具体问题时，恢复正常的市场状况；⑥决定调整农产品贸易促进计划，将原来分散孤立的产品促销支持计划进行整合，为帮助欧盟出口企业占领第三方市场提供政策、信息服务及资金上更加充分的保障。

（二）欧盟农业贸易促进体系的支撑

欧盟农产品贸易促进体系建立在共同农业政策（The Common Agricultural Policy，CAP）框架下，CAP 作为欧盟最重要的农业政策，为欧盟农业贸易促进体系提供了强有力的支撑。CAP 针对所有欧盟成员，是欧盟农产品贸易支持与保护政策最集中的制度体现。我们重点关注农业贸易促进政策是 CAP（2014—2020 年）框架中欧洲农业担保基金（EAGF）所支持的“第一支柱”（增加农民收入）下的市场支持措施。

欧盟 2014 年第 1144 号法规和各年度工作计划共同构成了欧盟农业贸易促进体系的法律支撑，其中，欧盟 2014 年第 1144 号法规为各年度工作计划的制定提供基本法律框架，而各年度工作计划基于各时期不同的目标将法规内容落地实施。欧盟 2014 年第 1144 号法规是对以往农产品出口专门措施与规范的修订和整合，对推广的农产品范围、推广资助资金额等均做了规定。基于该法规，欧盟委员会每年都制定年度工作计划，作为本年度进行农产品推广的指导性文件，用来分析欧盟农产品出口目标市场、确定欧盟农产品推广的战略重点和资助标准。

(三) 欧盟农业贸易促进体系的实施机构

欧盟农业贸易促进工作的实施主要由共同参与主体完成，包括欧盟委员会、民间对话小组、农业委员会、专家组和审计法院。其中，欧盟委员会农业和农村发展部主要负责管理共同农业政策实施情况，包括贸易促进政策的实施情况。欧盟委员会定期与民间对话小组和农业委员会进行磋商，听取专家组意见，对新贸易促进方面法规实施的必要性及实施后带来的影响进行评估，以确立行之有效的贸易促进法律和政策；同时，欧盟委员会定期发布民意报告（也称为欧洲晴雨表），了解民众对 CAP 各项政策作用的认识。欧盟审计法院主要负责监督农业贸易促进财政支持等各项农业支出情况。

(四) 欧盟农业贸易促进体系的实施机制

下面从项目设置、财政预算、项目实施过程 3 个方面探讨欧盟农业贸易促进体系的具体实施机制。

1. 项目设置

根据欧盟《2020 年度工作计划》，欧盟农业贸易促进项目可以分为“直接管理及共同管理项下的资助项目”（简称“资助项目”）与“直接管理项下的采购项目”（简称“采购项目”）。

资助项目针对欧盟内部市场以及第三方市场，包括单一方案和多样方案，以强化对欧盟质量方案以及欧盟农产品优点的认知，进而提高其产品的知名度和消费量，增加市场份额。

采购项目只针对第三方市场，包括在第三方开展促销活动、提供技术支持服务、在特殊情况下的信息提供和促销服务以及专家咨询等。其中，在第三方开展促销活动主要是为市场准入提供便利，通过与第三方市场的企业建立商业联系，提高欧盟产品在第三方媒体、企业和消费者心目中的形象；技术支持服务则通过提供市场研究报告、在信息门户网站上发布假冒伪劣产品相关警示信息等，增强欧盟农产品生产经营企业对目标市场的认识，帮助经营者进行有效宣传；专家咨询主要是通过专家为经营者提供技术和语言帮助。

2. 财政预算

（1）资金分配。根据年度计划，2020 年欧盟资助项目的财政预算为 1.9 亿欧元（约合 2.1 亿美元）[①]，其中单一方案和多样方案的预算分别占 1 亿欧

① 按照 2020 年 1 月 11 日汇率。

元（约合 1.1 亿美元）和 0.9 亿欧元（约合 1 亿美元）。欧盟第 2014 年第 1144 号法规对单一方案和多样方案的政府资助比例进行了详细规定：单一方案的最高资助比率在 2014 年 1 月 1 日之后（含 2014 年 1 月 1 日）为 70%，在 2014 年 1 月 1 日之前该比率为 75%；多样方案的最高资助比率在 2014 年 1 月 1 日之后（含 2014 年 1 月 1 日）为 80%，在 2014 年 1 月 1 日之前该比率为 85%；当发生严重的市场波动，消费者信心丧失或出现其他具体问题时，需采取单一和多样方案的特别共同筹资率，该比率在 2014 年 1 月 1 日之后（含 2014 年 1 月 1 日）为 85%，在 2014 年 1 月 1 日之前该比率为 90%。采购项目的财政预算为 950 万欧元（约合 1 056.4 万美元）。

（2）资金支付。贸易促进项目资助资金支付包括 3 个阶段，依次是预付款、中期付款和结清余款。

3. 项目实施过程

（1）推广主体。欧盟农业贸易促进项目推广主体取决于项目出资方。针对单一方案，由于出资方为欧盟，所以推广主体是欧盟委员会下设的消费者、卫生、农业和食品执行机构（Consumers、Health、Agriculture and Food Executive Agency，CHAFEA）；针对多样方案项目，出资方为国内生产商等利益相关者联合形成的欧洲贸易协会或国际贸易协会。

（2）工作流程。农产品推广活动由欧盟委员会作为总执行机构，从方案征集到选择评估，再到最终实施提供一站式服务；具体来说，工作流程依次是征集推广方案、确定推广产品及申请人的资格、评估与选择、订立合同、实施推广计划和评价。

四、日本农业贸易促进体系

（一）日本农业贸易促进体系的目标

日本农业贸易促进体系的目标有两个：一是缓解国内食品市场萎缩现状，进一步促进农产品出口；二是迎合市场需求，将日本农产品品牌推向世界。一方面，预计到 2050 年，日本的人口将减少近 1 亿人，且老龄化速度明显快于其他国家，预计未来国内食品市场将萎缩，因此国际市场对于日本的农业发展显得尤为重要①。另一方面，日本美味、安全的农林水产品和食品在世界各地都享有很高的价值和知名度，日本政府、生产者（从事农业、渔业、林业和食品加工）、卖方（例如贸易公司和分销商）都渴望将日本品牌推向世界。

① 资料来源：日本农林水产省。

（二）日本农业贸易促进体系的支撑

日本的出口战略为日本农业贸易促进体系提供了较好支撑，最新的出口战略是2016年2月成立的“加强农林水产业出口能力战略”，具体包括5个项目：海外需求创造支援项目、全球生产中心推进项目、出口环境改善促进项目、改善动植物检疫项目、食品产业的海外促进项目。为更好地保障项目实施，2019年政府提供预算拨款为58亿日元（0.5亿美元）。

（三）日本农业贸易促进体系的实施机构

出口战略执行委员会和日本贸易振兴机构为“加强农林水产业出口能力战略”的有效实施提供了保障。其中，出口战略执行委员会主要负责监督和推进“加强农林水产业出口能力战略”的实施，日本贸易振兴机构为包括农业在内的所有行业进出口贸易提供保障。

（四）日本农业贸易促进体系的实施机制

日本农业贸易促进体系的实施机制主要依靠“加强农林水产业出口能力战略”来开展。如前所述，该战略具体包括5个促进农产品出口的项目，分别为：海外需求创造支援项目、全球生产中心推进项目、出口环境改善促进项目、改善动植物检疫项目、食品产业海外促进项目。

（1）海外需求创造支援项目。日本贸易振兴机构通过组织日本海外外交使团和当地办事处，收集有关当地农林水产品和食品市场信息为日本出口商提供全面支持，同时支持按领域和主题进行的海外市场开发活动，以加强出口企业的海外营销能力。

（2）全球生产中心推进项目。2018年日本农林水产省创建了GFP（Global Farmers/Fishermen /Foresters/Food Manufacturers Project）社区网站（包含生产商、产品和市场的数据库），通过分析数据来准确识别潜在的出口产品，并且使利益相关者之间形成关系网络，从而为农产品生产商、制造商与农产品出口商之间的业务谈判和产品匹配创造机会。

（3）出口环境改善促进项目。一是收集和分析信息以供政府之间进行谈判；二是支持解决出口环境问题，即为出口企业消除出口障碍、改善出口环境，包括出口相关手续办理、出口证书认证以及出口目的国对食品安全的要求。

（4）改善动植物检疫项目。该项目包括一系列改善动植物检疫、预防牲畜疾病以促进牲畜产品出口的措施。

（5）食品产业海外促进项目。该项目更侧重于促进食品出口，主要通过将农业、林业和渔业以及食品公司与海外市场对接，进而促进食品工业的海外扩张。

国际贸易政策新动向及对中国农产品贸易的影响

2018年全球经济高开低走，国际贸易形势呈恶化态势。在此背景下，主要经济体贸易政策处于变动较大的“震荡期”，全球贸易体系面临深度重构。中国是世界农产品贸易大国，未来发展前景与经济全球化和国际规则演变紧密相关。因此，密切跟踪研判全球贸易动向对中国农产品市场供求和贸易格局的影响具有重要意义。

一、全球主要经济体贸易政策新动向

（一）单边主义和贸易保护主义成为美国贸易政策主旋律

美国总统特朗普就任以来，开始奉行单边主义，采取保护主义经济政策，谋求自身利益最大化，并寻求重塑国际贸易新规则。一是奉行贸易保护主义，挑起全球性贸易争端。在“美国优先”的思想指引下，以贸易逆差为由，频繁对中国、欧盟、日本、印度和墨西哥等挑起贸易争端，企图施压他国在贸易政策或协定上让步，贸易摩擦成为2018年全球经济增速放缓和2019年经济预期下降的最主要因素。二是阻挠WTO改革，侵夺发展中成员权利。美国陆续在透明度、农业市场准入、发展中成员分类等关键问题上提出新提案，强调其对WTO的领导力和历史贡献，提出要解决WTO中的非市场经济和发展中成员待遇问题，并对中国三大主粮补贴提出诉讼，预计以美国为首针对中国“违规”的又一轮攻势正在酝酿发酵。三是与盟友重启双边谈判，意图重构贸易规则体系。2018年下半年以来，美国意图构建按照美国标准定义的“自由、公平和对等”的国际贸易规则体系，推动谈判并达成了《美墨加贸易协定》（USMCA），修订了美韩自贸协定，同时积极与欧盟和日本启动自贸协定谈判。值得注意的是，在美墨加协定中，美国设立了一条针对中国的“毒丸条款”。根据协议，成员如果与“非市场化经济体”签署自贸协定，则其他协议伙伴有权在6个月内退出美墨加协定。四是提高农业补贴，加大对国内农业支持力度。2018年12月20日，特朗普签署《2018年农业提升法案》，有效期为2019—2023年。新法案从价格和单产上增加了农民潜在获得补贴的空间，根据美国国会预算局估计，未来 5 年每年农民获得的价格和收入的补贴将会超过 53 亿美元。此外，为应对贸易摩擦对美国农户的影响，美国政府先后两次为农民提供 280 亿美元补贴。

（二）不确定因素增加导致欧盟贸易政策分化

受英国脱欧、法德领导核心弱化等影响，欧盟贸易政策也出现分化。一是贸易保护主义有所抬头，提出诸多针对中国的贸易措施。尽管欧盟的贸易保护主义趋势没有明显变化，但由于内部的分化和受美国不良示范的传染，欧盟的贸易保护主义有所抬头，对中国的贸易政策体现了越来越多的“对抗性”思维，包括不承认中国的市场经济地位、频繁的反倾销和反补贴措施等。二是继续支持多边主义，提出 WTO 改革方案。为解决美国关注，弥合 WTO 中关于国际争端等问题的分歧，欧盟提出了包括规则制定、常规工作和透明度以及争端解决机制等内容的 WTO 现代化方案，并已经与中国、印度等多个成员达成一致。但与此同时，欧盟也响应美国提出的新标准划分，主张对发达国家（地区）和发展中国家（地区）的界定进行调整，鼓励成员逐步退出特殊和差别待遇。三是积极应对单边主义，重视双边积极推进区贸协定谈判。美国不断推出贸易保护主义政策，将日本和欧盟均列为贸易打击对象，这使得日欧“抱团取暖”，加速了欧盟的区域协定谈判进程。2019 年 2 月 1 日，日本和欧盟签署的《经济伙伴关系协定》（EPA）正式生效。根据协定，日方对农林水产品等 94%的商品，欧盟方面对 99%的商品实施零关税。此外，欧盟与美国的贸易谈判也在进行，但由于法国在农产品贸易上与美国的不同立场而推进缓慢。此外，欧盟和越南于 2019 年 6 月签署了《欧盟与越南自由贸易协定》（EVFTA）及《欧盟与越南投资保护协定》（EVIPA），与中国的双边投资协定谈判也在积极推进。

（三）日本贸易政策相对稳定

日本是 2018 年少数保持经济增长的经济体之一，也是中国主要农产品出口国家，日本贸易政策变动较小。一是维护多边贸易体系，WTO 改革立场与美欧一致。日本一直是多边贸易体制（尤其是 WTO）的坚定拥护者和推动者。虽然日本出于多种考虑，至今仍未像美国、中国和欧盟那样提出一份具体而完整的 WTO 改革方案，但其在争端解决等有关 WTO 改革相关问题方面的观点基本与美欧一致，也支持发展中成员逐步退出特殊和差别待遇。二是积极推进区贸协定进程，打造高标准贸易规则。继 2018 年年底《全面与进步跨太平洋伙伴关系协定》（CPTPP）正式生效后，日本与欧盟的 EPA 也于 2019 年生效。此外，日本还参与了《区域全面经济伙伴关系协定》（RCEP），中日韩、美日自贸区谈判，积极参与当前的国际经贸规则深度重构。根据 CPTPP 协定，签约国之间 95%的货物实行零关税，电子商务、政府采购、国有企业议题也有单独的章节作出规定，特别是在知识产权领域，关于侵权行为的种类、边境保护所适用的通关程序范围等规则有明确的规范。三是倡导自由贸易主义，与中国经贸密切合作。受美国贸易保护主义抬头影响，日本贸易出口面临严峻形势，而由于当今全球供应链已经相互深度交织、十分复杂，中美贸易摩擦也使日本经济受到负面影响。自 2017 年中日两国关系回暖后，日本也逐步加强了对中国的经贸合作，不仅表达了与中国共同开展“一带一路”建设的合作意愿，而且与中国达成了共同在第三方市场合作的共识，签署了多项经贸合作协议。

（四）新兴经济体重视与中国的经贸关系

随着新兴市场国家的范围不断扩大，对世界经济的贡献也日益加大。虽然新兴市场国家的经济绩效发展和贸易政策存在差异，但均重视与中国在经贸方面的合作。例如，印度是 RCEP 谈判成员国，目前 RCEP 规则领域已经完成 7 个章节的谈判，中国和印度双边磋商也进入关键期，有望在 2019 年完成最后阶段的谈判；巴西大豆等产品对中国出口集中度很高，未来鲜有国家能够取代中国在巴西农产品出口的重要地位；俄罗斯继续加强与中国的经贸合作，2018 年两国签署了《中俄在俄罗斯远东地区合作发展规划（2018—2024 年）》，未来两国在“一带一路”框架下合作前景广阔；中国是阿根廷第二大贸易伙伴和重要外资来源国，2014 年中阿两国宣布建立全面战略伙伴关系后，经贸合作呈现全方位、高水平发展态势；南非与中国的经贸合作目前迎来了历史最好的发展期，中国的“一带一路”倡议与南非的“费吉萨”计划为两国在经贸领域合作提供了强力的政策支持。

二、贸易政策新变动对中国农产品贸易的影响

（一）贸易保护主义将一定程度阻碍中国优势农产品出口

中美贸易摩擦是美国单边主义对全球多边主义，美国保护主义对全球自由贸易的挑衅。美方率先对中国出口发起两轮加征关税措施，并公布了第三轮拟加征关税清单。其中，第二轮措施涉农产品约占中国对美国农产品出口额的 80%，第三轮拟征税措施将覆盖剩余 20%的产品。在美方公布的第二轮加征关税产品（2 000 亿美元）目录中，包括中国绝大多数出口美国的水产品和果

蔬产品。水产品方面，美国是中国第二大水产品出口市场，2 000 亿美元商品清单涵盖中国全部输美水产品，均为中国对美出口额较高、对美出口依存度较高的产品，特别是罗非鱼、虾类、蟹类、贝类等产品，短期内难以找到其他替代市场，可能受到一定影响。果蔬产品方面，美国是中国第五大蔬菜出口市场和第三大水果出口市场，美国公布的加征关税清单有超过 200 种的果蔬产品，涵盖中国对美国出口 90%以上的果蔬产品，预计征税将对相关果农和菜农的收入、就业以及相关外贸企业竞争力产生一定影响。

（二）WTO 改革给中国农业贸易政策调控带来压力

近年来，WTO 各领域谈判的进展相对缓慢，WTO 的功能和作用受到部分成员的挑战。2018 年，WTO 掀起了对新一轮改革的探讨，中国、美国、日本、欧盟等主要成员均对 WTO 改革形成了不同的联合提案，改革已成为决定 WTO 生存和发展的重要议题。目前，发达成员提出的强制技术转让、非市场经济地位以及“特殊和差别待遇”等 WTO 改革方案很多方面均针对中国，而美国频繁在 WTO 谈判中对中国农业补贴问题提出异议，也使得中国以“黄箱”补贴为主的支农政策结构面临着诸多挑战，有限的关税政策和国内支持政策空间面临进一步减让的巨大压力。

（三）新一轮高水平自贸协定将挤压中国农产品出口空间

美国引发的全球区域贸易协定安排谈判将对中国自贸区布局和农产品贸易产生一定影响。一是美国在《美墨加贸易协定》中设置的“毒丸条款”，旨在逼迫其他国家在缔结自贸协定中选择美国或者中国，这种霸凌主义在某种程度上会干扰墨西哥、加拿大等国与中国双边自由贸易协定（FTA）的推进，进而对中国构建自由贸易区网络、通过自贸协定实现中国农业利益产生一定负面影响。二是 CPTPP 和日欧等区域协定安排的生效将使得相关国家相互降低或者取消彼此间农产品关税，促进区域内农产品贸易发展，受贸易转移效应影响，相关国家对中国农产品的进口需求将有所降低。以日欧 EPA 为例，随着日本取消对奶酪、葡萄酒和猪肉等农产品关税，预计欧盟的农产品出口会有所提高，这将挤占中国对日本相关农产品的出口空间。三是 CPTPP 的诸多条款与日欧 EPA 有异曲同工之处，均在电子商务、国有企业、知识产权保护等领域作出了明确规定，旨在构筑高标准国际规则，中国在相关领域的开放经验相对不足，日本等发达国家在国际经贸秩序重构中抢得的“先手”将对包括农业在内的全产业带来一定挑战。

三、政策建议

（一）培育农产品出口竞争新优势，积极应对贸易保护主义

建议围绕受贸易保护主义冲击较大的农业产业，加强出口促进，缓解出口压力。一是促进高附加值农产品出口。鼓励企业加大科技投入和研发力度、开发自主知识产权产品、发展农产品深加工技术、推广农产品保鲜新技术、延长农产品的销售链条，提高农产品附加值与核心竞争力。二是开拓农产品出口新空间。支持地方政府和行业协会深入了解出口潜在市场的进口管理政策和质量标准，引导企业向人口和收入水平快速增长的新兴市场与发展中国家（地区），尤其是向开放程度较高的中亚等“一带一路”相关国家出口劳动密集型优势产品，推动农产品出口市场多元化。三是创新农产品出口贸易模式。选择目前基础条件优越、配套设施齐全、外贸功能完善的以农产品交易为主体的批发市场，鼓励其学习湖南高桥大市场在市场采购贸易试点建设中的成熟经验，申报市场采购贸易方式试点，争取在业务流程、监管方式等方面先行先试。

（二）顺应 WTO 改革趋势，创造中国农业发展良好的外部环境

未来，中国应继续坚持世贸组织最惠国待遇、国民待遇、关税约束、透明度、特殊与差别待遇等基本原则以及贸易自由化的总体方向，积极维护多边贸易体制，建设性参与多边谈判和世贸组织改革，倡导正视 WTO 农业规则的不公平和成员间的不平衡，推动消除规则赤字和发展赤字，赋予发展中成员灵活性和特殊差别待遇，联合更多的发展中成员参与 WTO 改革并提出相应的诉求，为中国农业营造良好的外部发展环境。与此同时，为应对美国对中国发起的“违规”诉讼，中国应借鉴发达国家对农业支持的经验，探索在 WTO 框架下“黄转绿”补贴政策的改革路径。

（三）推进自贸协定谈判，改善农业市场准入条件

针对美国联合欧盟及日本重塑国际经贸新规则对中国农业带来的不利影响，建议积极落实自贸区战略，分批逐步推进自贸协定谈判，扩大自贸区“朋友圈”，可以重点考虑与关税有一定削减空间的“一带一路”国家进行自贸协定谈判，同时推动与欧盟以及日本的经济贸易合作，加快中日韩自贸区以及 RCEP 的建设。尽可能降低对方农产品尤其是果蔬和水产品的市场准入条件，同时要求伙伴国（地区）放宽种植（养殖）业、农产品加工、物流和技术研发等方面的外资准入条件；确保对口粮等重要农产品例外处理，并将货物贸易出

价与投资要价统筹考虑。

（四）参与自贸试验区建设，积极对接农业国际规则

针对 CPTTP、日欧 EPA 谈判可能对包括农业在内的全产业产生的负面影响，同时为积极应对中欧投资协定谈判可能带来的风险，建议配合相关部门，积极参与自贸试验区建设，尤其是陕西自贸区杨凌片区、海南自贸区等以农业为主导产业之一的自贸区。一方面，在农业投资和服务领域争取更多的压力测试，推动农业领域规则的制定向更高水平开放，以便应对未来双边和多边贸易投资协定谈判的高标准要求。另一方面，充分利用自贸试验区在贸易方面的先行先试政策，提升农产品贸易便利化水平，降低农产品通关成本、提高通关效率，创新农产品贸易发展新业态和新模式，积极应对其他双边自贸协定带来的冲击。

多边贸易规则和谈判跟踪监测

世界贸易组织（WTO）致力于推动世界贸易自由化，最重要的活动之一就是举行多边贸易谈判。但近年来多边贸易谈判进展缓慢，国际形势风云变幻，贸易保护主义、单边主义抬头，多边贸易基础规则面临挑战，成员主要就如何推进下一步谈判和议题选择等进行磋商，但分歧难以弥合。中国、印度、印度尼西亚等发展中成员强调继续坚持多哈回合的发展授权，同时要求按照“内罗毕部长宣言”要求，推进粮食安全公共储备（PSH）和特殊保障机制（SSM）谈判。美国、欧盟、澳大利亚、加拿大等发达成员以及巴西、阿根廷等发展中出口成员则强调要在发展授权以外寻找新思路、新方法、新途径推进谈判。作为发展中农业大国，多边规则和贸易政策调整对中国农产品贸易以及国内市场供求、国内农业产业发展意义重大。因此，在新的历史时期，中国仍应基于多边制度框架，充分体现发展中成员的利益关注，客观展示中国农业和农产品贸易发展实际，维护国家利益。

基于以上考虑，本项目在保持监测工作持续性的同时，系统梳理 WTO 第十一届部长级会议（MC11）以来各成员提交的提案和技术材料，跟踪农业多边谈判进展。项目重点从以下 3 个方面展开：一是按照市场准入（MA）、国内支持（DS）、出口竞争（EC）、出口限制（ER）、特殊保障机制（SSM）、粮食安全公共储备（PSH）、棉花及其他 8 个议题，系统梳理各成员方提案，分析各方提案的内容，明确其中的关键点；二是基于敏感议题和核心观点形成文献摘编；三是开展国内支持谈判专题研究，通过指标测算、方案模拟等方法，以农业多边贸易规则进展跟踪和梳理成员方提案着力点，开展国内支持谈判专题研究，提出符合中国农业产业发展目标的方案建议，支持中国参与 WTO 农业谈判。

一、议题梳理

2018 年，WTO 成员在对现有多边贸易体制进行思考的同时，也在逐步探讨如何重启农业谈判进程。在新任特会主席的积极推动下，谈判进程开始逐渐恢复，各成员也纷纷提交新提案、新建议。现从 8 个方面梳理 2018 年 5 月至 2019 年 11 月各成员提交的提案和技术材料，分析整理如下。

项目组收集整理文件 4 类 80 个，其中 JOB/AG/* 类农业委员会特会工作文件 38 个，RD/AG/* 类小范围磋商文件 11 个，TN/AG/GEN/* 类贸易谈判委员会的沟通和声明文件 3 个，G/AG/W/* 农业委员会工作文件 28 个。

（一）市场准入

4 个主要成员方就市场准入议题中涉及的约束关税与实施关税、复杂关税、关税高峰、关税配额问题、特殊农业保障措施、区域优惠贸易协定，关税透明度、关税配额再分配和实施税率的变化通知等问题提交了相关提案。

巴拉圭和乌拉圭简述了市场准入议题当前存在的问题，就未来谈判给出了 4 点倡议。他们认为目前的实施税率远低于约束税率；并且当前各成员在市场准入方面的具体承诺缺乏同质性——从免税到高达三位数的从价税，约束税率水平各不相同，关税结构也非常多样化；关税配额或贸易救济等其他类型的限制增加了市场准入支柱的复杂性。因此他们提议应从削减约束税率、重新讨论透明度要素和简化关税、解决关税配额和贸易救济等限制 4 个方面对市场准入进行深入谈判。

美国确立了市场准入的 6 个领域：约束关税与实施关税、复杂关税、关税高峰、关税配额问题、特殊农业保障措施和区域优惠贸易协定，并在近一年的时间内提交了 5 份提案来分析各成员目前的关税执行情况。

约束关税与实施关税方面：2016 年，WTO 所有成员的农业关税线的平均约束税率为 54.7%，而平均实施税率为 14.5%；虽然各成员单方面较低的实施税率促进了贸易的开放，但各成员约束税率中的水分造成了市场不确定性；各成员的关税水分允许成员方根据境内和国际市场情况修改税率，无须事先通知；在最大的农产品贸易成员中，一些成员（印度、印度尼西亚、墨西哥、巴西和阿根廷）在关税方面比其他成员（如韩国、欧盟、中国、俄罗斯、加拿大和美国）拥有更多的关税水分。

复杂关税方面：共有 41 个成员选择以非从价税条款约束某些关税，瑞士的非从价税在所有农业生产线中所占比例高达 78%；欧盟、冰岛、马来西亚、挪威、俄罗斯、瑞士、泰国和美国在内的 8 个成员至少有 20%的农产品采用非从价税；2016 年，有 76 个成员采用了非从价税条款，在最大的农产品出口成员和进口成员中，美国、欧盟、俄罗斯、加拿大、日本和墨西哥使用非从价税远远超过所有 WTO 成员的平均值。

关税高峰方面：在所有 WTO 成员中，有 18 个成员的约束关税超过 500%，在这 18 个成员中，7 个成员的实施关税超过了 500%（马来西亚、埃及、瑞士、韩国、中国台湾、挪威和日本）。更详细地分析哪些部门和哪些成员拥有最具保护性的关税，有助于委员会更好地了解贸易限制的适用情况。

关税配额方面：40 个 WTO 成员约束时间表中有 1 000 多个关税配额；在最大的农产品进出口成员中，有几个成员的配额内比率和配额外比率相对较低（如巴西、欧盟、日本、美国），其他成员配额内比率远低于配额外比率（如印度尼西亚、印度、韩国），还有一些成员配额内比率和配额外比率都很高（如墨西哥和俄罗斯）。

特殊农业保障措施方面：共有 39 个成员保留了在约 18%的农产品上使用特别农业保障措施的权利，瑞士和挪威在约 50%的农产品关税中使用了特别农业保障措施，博茨瓦纳、纳米比亚、南非和斯威士兰的特别农业保障措施覆盖了近 40%的农产品；2004—2016 年通知的基于价格的特别农业保障措施总计为 1 827 项，占所有特别农业保障措施的 3/4，美国、中国台湾、巴巴多斯和欧盟约占总数的 89%。

区域优惠贸易协定方面：2016 年，平均农业优惠税率仅为最大农产品进出口国最惠国适用税率的 20%；日本、欧盟、加拿大、印度尼西亚和美国的优惠税率不到最惠国税率的 10%；由于特惠和自由贸易协定的扩散，最惠国关税税率在全球农产品贸易中所占比例越来越小，这些协定可以显著降低农产品面临的关税税率。

俄罗斯就关税透明度和关税配额再分配问题提交了两份议题，表示现行 WTO 规则下现有的透明度规定并没有完全填补国家层面和 WTO 层面透明度机制之间的差距，而提高进口关税的透明度可以减少成员贸易政策的不确定性，创造更可预测的贸易环境，从而降低企业成本，并鼓励企业，包括中小企业，更多地参与国际贸易。在关税配额再分配方面，俄罗斯指出，所有国别关税配额的平均使用率为 61%；2017—2018 年，成员的平均使用率约为 40%，而 24%的国别关税配额使用率为 0，56%的国别关税配额使用率不到一半；一般关税配额的数量虽远大于国别关税配额的数量，但也经常有剩余，并且近年来使用量也在一直下降。因此，为了建立一个公平和面向市场的农产品贸易体制，有必要制定一个适当的关税配额再分配机制，并将其纳入 WTO 成员的义务中。同时俄罗斯还提出了他们的再分配方案：如果在关税配额年的第九个月的第一天，国别关税配额分配的 30%或 30%以上没有签订合同，则所有未使用的数量将在同一配额年的第九个月的第十五天重新分配。

以上是过去一年多以来 WTO 农业谈判围绕市场准入议题各成员所提交提案的主要内容，根据以往未解决问题及以上提案的内容，总结未来市场准入的谈判方向，有以下 4 点：一是削减约束税率以减少关税水分；二是重新讨论透明度要素和简化关税；三是制定一个适当的关税配额再分配机制；四是解决贸易救济等限制。

（二）国内支持

部分主要成员就国内支持议题中涉及的支持类别、综合支持量、特定产品支持等问题提交了相关提案。

中国和印度提出了消除微量允许以外的综合支持量的渐进步骤。主要步骤如下：计算发达成员每种农产品超出微量允许的综合支持量占产品产值的百分比，未超出的产品今后不应超出；超出的产品，发达成员应先减少超出微量允许 10%部分的一半，再减少到 10%，最终减少到 5%。对于发展中成员，WTO 应给予特殊和差别待遇。

凯恩斯集团则通过逐条回顾《农业协定》中的国内支持类别，对技术支持进行了详细讨论。其提案分析指出，中国、印度、印度尼西亚和俄罗斯等成员的扭曲型国内支持占生产价值（VOP）的比重在增加；巴西、加拿大、欧盟和美国等成员的扭曲型国内支持正在减少。印度、中国、印度尼西亚和巴西等发展中成员在国内支持方面的支出大幅增加，而美国和欧盟等发达成员则大幅减少了此类支出。大部分成员的支持量占 VOP 的百分比仍然相对稳定。微量允许占 VOP 的比重自 2001 年以来一直保持稳定。而中国、欧盟、印度、俄罗斯和美国等一些大型贸易商获得的特定产品的微量允许在显著增加。巴西、加拿大、中国、欧盟、日本和俄罗斯的非特定产品的微量允许有所增加。蓝箱支持方面，欧盟、日本和挪威提供了大量名义的蓝箱支持，但从名义和百分比来看，整体的蓝箱支持度一直在下降。绿箱支持方面，自 2001 年以来，欧盟、美国、中国和印度等大型贸易和生产商提供的绿箱支持都有所增加，总体来看，自 2010 年以来，绿箱支持对 VOP 的占比呈下降趋势。

加拿大、阿根廷、澳大利亚、巴西、智利、哥伦比亚、新西兰、巴拉圭、秘鲁和乌拉圭审查了各成员通报的特定产品支持方面的趋势，提供基于数据分析和观察的结果，以增强成员对接受国内支持的产品或产品组的了解，为讨论制定新的和有效的特定产品支持政策提供信息，其结果如下：2001—2010 年，通知的综合支持总量有所减少，从 755 亿美元减少到 662 亿美元。其中特定产品支持从 2001 年的 644 亿美元减少到 2010 年的 422 亿美元，非特定产品支持从 2001 年的 111 亿美元增加到 2010 年的 240 亿美元。数据显示，虽然大多数特定产品支持集中在前十名成员中，但其集中度在逐渐降低。以 2010 年为基准，欧盟、美国和日本仍然是特定产品支持的最大通知成员。根据分析，他们提出以下建议可用于指导关于制定特定产品支持的谈判：①特定产品支持应包括根据《农业协定》第 6.3 条和第 6.4 条提供的所有产品。②特定产品支持的发展不应事先排除任何有特定产品限制的成员。③应考虑发展中成员、特别是最不发达国家的灵活性。

阿根廷、澳大利亚、巴西、加拿大、智利、哥斯达黎加、秘鲁、新西兰、泰国和乌拉圭回顾了成员确定和讨论的关于国内支持的不同主题，并综合了在这一支持中审议的各种改革选择，将该提案改革的各种选择归纳为3个主题：①限制和减少国内支持发展新规则；②澄清国内支持的现有规则；③提高透明度。特定产品支持方面，各成员讨论的主要方案包括：限制和减少特定产品的支持总量；自行减少或限制超出微量允许的综合支持总量；设置新的微量允许；成员们还建议进一步澄清计算特定产品支持的规则，并提高特定产品支持通知的透明度。非特定产品支持的讨论方案包括：增加透明度；减少综合支持总量的最终水平，或将综合支持总量的最终水平和非产品特定最低水平纳入总体限额；为了改进报告，成员们可以讨论确定哪些是真正的非特定产品的标准。限制蓝箱支持的方案包括：在总体限额中包括蓝箱支持；限制整体蓝箱支持；或引入特定产品的蓝箱限制。扭曲贸易支持讨论的方案包括：应获得哪些类别的支持（所有第六条支持，或仅部分支持）；如何设定此类限制；限制是否应设定为固定货币金额，或允许随成员的生产价值或通货膨胀率浮动。解决人们对通过绿箱支持可能规避关于第六条支持规则的讨论方案包括：将所有或某些要素放在总体限额下的绿箱中；澄清绿箱中的某些标准；提高符合《农业协定》附件2中标准支持的透明度。

国内支持仍然是大多数成员的优先问题，也是农业谈判的中心内容，但对于如何处理这一议题，各方看法不一。根据以往未解决问题及以上提案的内容，这方面的分歧是围绕以下问题产生的：一是减少综合支持量（AMS）的可能性；二是处理其他类型的扭曲贸易补贴；三是与市场准入和公共储备等其他领域的联系。未来国内支持的谈判方向主要是：减少或限制超出微量允许的AMS，澄清国内支持的现有规则以及提高国内支持相关通知的透明度。

（三）出口竞争

凯恩斯集团就出口竞争议题中涉及的出口融资支持、农产品出口国有贸易企业问题提交了相关提案。

凯恩斯集团重申了在第十届世界贸易组织部长级会议（MC10）上，部长们通过的关于出口竞争的决定：要取消出口补贴，同时要处理具有同等效力的措施；并根据其对各成员的问卷调查结果了解出口融资支持和农产品出口国有贸易企业的情况。出口融资支持方面，根据报告结果可知，2018年获得出口融资的农产品中，有80%以上得到了某种类型的风险保障，其中大部分由加拿大（41.56%）、美国（25.52%）、中国（13.59%）和土耳其（12.83%）提供。直接融资支持中，阿根廷、巴西、加拿大、中国、捷克、斯洛伐克、印度尼西亚、牙买加、马来西亚、巴拉圭、特立尼达和多巴哥以及越南均至少提供了一种直接融资支持，共报告了 17 种方案。农产品出口国有贸易企业方面：已通知的国有贸易企业数量没有增加，在调查表和相关通知中，有 15 名成员通报了 59 个农业出口国有贸易企业的存在。

虽然第十届世界贸易组织部长级会议（MC10）上，部长们通过了关于出口竞争的决定，但一些成员仍认为出口竞争是“未了之事”，在出口融资、国际粮食援助和可持续发展战略等领域可能还有工作要做。

（四）出口限制

部分主要成员就出口限制措施的实施情况及其影响提交了相关提案。

新加坡就出口限制议题提交了一份提案，强调了粮食计划署禁止或限制出口对非商业人道主义目的食品购买的影响。其影响包括：①在最需要和最难获得食物时，增加运送食物的时间；②由于运输时间延长和供应链变化，粮食损失风险增加；③行政费用增加；④运输和配送费用增加；⑤采购粮食所需的准备时间增加；⑥无法确保向最弱势群体提供稳定的粮食；⑦从粮食计划署获得粮食的受益者减少。因此，粮食计划署禁止或限制为非商业人道主义目的购买食品的出口，会影响粮食计划署工作进展以及实现消除饥饿、粮食安全、改善营养、促进农业可持续发展的目标。

日本、以色列、韩国、新加坡、瑞士和中国台湾提交了两份关于出口限制议题的提案。

第一份提案就出口限制措施的实施情况做了简要统计。2008—2011 年，G20 成员国出台了多达 23 项农产品出口限制措施。在此期间，由于粮食危机和食品价格波动，出口限制引起了广泛关注。出口限制的作用是减少对国际市场的粮食供应，而这反过来又使市场萎缩，使市场变得不稳定、不可预测。这使得进口方难以进入市场，同时还面临着“贸易条件下降，必须支付更大的粮食进口账单，这对贸易平衡产生了负面影响，并影响到其货币的坚挺”，在恢复或取代以前的贸易关系之前，对进口方造成长期的价格影响。这可能导致价格上涨，并对粮食稳定供给产生负面影响，因为进口方需要时间寻找替代粮食来源。从长远来看，出口限制也可能对采取此类措施的成员产生负面影响，给某些社会阶层造成收入损失。

第二份提案对出口限制措施作了进一步的分析，试图根据农业市场信息系统开发的政策数据库了解实际的出口限制情况，旨在帮助成员了解实际采取的措施类型，成员采取措施的详细情况，以及采取了多长时间。提案指出，出口限制措施分为 6 项，即出口禁令、出口配额、最低参考价格、许可证要求、出口税和限制出口通关点。其中，出口禁令和出口配额占 45%，最具限制性的禁止出口占 13%，出口税占 26%，其中出口配额是 6 项措施中实施最频繁的一项。在 2007 年至 2012 年期间实施的 251 项出口限制措施中，有 240 项措施已不再实施，其余 11 项措施没有明确的结束日期或仍在实施。约 1/3 的措施在 1 个月（31 天）和 6 个月（180 天）内有效，而有效期持续 1 年（360 天）的措施约占 60%。平均持续时间 539 天，超过 1 000 天的措施约占总数的 20%。最长持续时间为 3 630 天。

大部分成员认为出口限制是可交付的，仅有一些成员对强制性透明度要求的问题（如通知的提前期等）重申了关切。

（五）特殊保障机制

俄罗斯提交了一份提案，介绍了使用特殊农业保障机制方面的现状及其对 WTO 成员出口的影响。

俄罗斯分析指出，受农业特殊保障机制影响的产品通常为实施关税配额的国内敏感产品；关税配额下的进口和优惠贸易制度下的进口可能不受特殊农业保障措施使用的影响。因此，受影响成员之间的特殊农业保障措施效应可能不均衡。特殊农业保障措施的应用效果有待进一步研究。这一问题可能需要各成员的注意和适当考虑。

关于为发展中成员建立特殊保障机制，一些成员认为这是一个优先问题。该问题取得进展的关键仍然取决于各成员能否克服特殊保障机制与更广泛的市场准入改革之间联系的根本分歧。在市场准入没有平行改善的情况下，一些成员认为特殊保障机制通过对现有市场准入承诺的倒退来损害 WTO 关税约束的基本原则，这种看法限制了成员在这一议题上的参与。

（六）粮食安全公共储备

部分主要成员就粮食安全公共储备议题表达了自己的看法并提出了相应的讨论方案。

印度尼西亚代表 G33[①] 提议制定粮食公共储备的永久性解决方案。强调永

① G33 是 WTO 发展中国家农业议题 33 国协调组的简称。该组织是在多哈农业谈判中形成的一个发展中国家集团，成立时包括 33 个成员，因此而得名。目前成员数量已增至 46 个，但仍维持 G33 的称呼。——编者注

久方案应适用于所有发展中成员和最不发达成员，适用于当前和未来的项目，粮食的定义与农业协定一致，不设新的限制，透明度条件不应繁复。印度支持印度尼西亚发言，指出粮食安全公共储备是应对粮食安全和生计安全挑战、实现联合国可持续发展目标的重要工具。美国及凯恩斯集团坚持粮食公共安全储备与国内支持挂钩，并要求G33协调组提案成员提供粮食安全公共储备以往使用情况的相关信息，这使得该议题始终未能进入实质性讨论阶段。乍得代表最不发达成员表示支持G33立场。

（七）棉花

两个主要成员方就全球棉花贸易数据和棉花在实现可持续发展目标方面的作用提交了相关提案。

美国对全球棉花贸易数据进行了统计。2016年，全球棉花进口约92亿美元，占全球农产品进口总额的1.13%。美国审查了联合国粮食及农业组织的棉花生产数据，并审查了棉花进出口的官方贸易统计数据，确定了WTO各成员中参与棉花生产和贸易最多的成员，包括阿根廷、澳大利亚、贝宁、巴西、布基纳法索、乍得、中国、科特迪瓦、埃及、欧盟、印度、印度尼西亚、日本、哈萨克斯坦、韩国、马来西亚、马里、墨西哥、巴基斯坦、中国台湾、泰国、土耳其和美国。

关于棉花的部长级决定草案，美国认为对棉花的综合支持总量应做如下限制：①如果综合支持总量的最终约束水平大于20亿美元，则应减少40%；②如果综合支持总量的最终约束水平大于10亿美元小于等于20亿美元，则应减少35%；③如果综合支持总量的最终约束水平小于等于10亿美元，则应减少30%；蓝箱支持的减少量应为综合支持总量的2/3。

棉花的综合支持总量承诺应按照以下时间表，从2021年1月1日至2025年12月31日，5年内履行：①如果综合支持总量的最终约束水平大于20亿美元，则需在5年内每年减少8%；②如果综合支持总量的最终约束水平大于10亿美元小于等于20亿美元，则需在5年内每年减少7%；③如果综合支持总量的最终约束水平小于等于10亿美元，则需在5年内每年减少6%。最不发达成员不受削减承诺的约束。各成员应避免对棉花的支持从一个具有较高贸易扭曲效应的支持政策转移到另一个具有较低贸易扭曲效应的支持政策。

（八）其他

美国就农民面临的问题提交了一份提案，提案分析表示当前农民面临着来自客户、成本、农业相关技术、风险、非农收入和不公平竞争 6 个方面的挑战，成员方应首先确定哪些挑战限制了农民的发展，哪里存在共性，哪里存在利用贸易来确定解决方案的机会，以新的农业贸易规则进行积极和富有成效的讨论和谈判，使所有成员受益。最后，美国还建议世贸组织可以集中精力在以下几个主题领域解决这些农民问题：①减少市场准入壁垒；②减少政策的低效和扭曲；③消除不公平的非关税壁垒。

二、敏感议题摘编

国内支持、市场准入、棉花和谈判进程是 4 个较为敏感也是关乎中国切身利益的议题，因此在梳理了各成员方的议题后，就这 4 个议题的各方态度在此做汇总报告。

（一）国内支持

凯恩斯集团仍然将国内支持议题分歧的矛头指向中国、印度等发展中成员。加拿大对国内支持改革提出三项建议：一是探讨诸如总量封顶等纪律以限制和降低成员提供扭曲性支持的能力；二是对现有规则进行澄清解释，以防止成员规避纪律；三是通过增加产值和政策描述等信息改善通报，以提高透明度。巴西、智利、巴拉圭、阿根廷、乌拉圭和澳大利亚等予以支持，并均强调所有扭曲性支持，特别是 AMS 和微量允许不能排除在纪律约束之外，所有主要补贴成员均应做出与其体量、全球农业贸易中地位及造成的扭曲成比例的贡献；阿根廷、巴西、乌拉圭等还专门指出，主要成员做贡献无关其发展水平、人为设定的类别或历史上做出的贡献。

非加太集团及非洲集团共同强调国内支持谈判应遵循以下原则：一是最不发达成员、粮食净进口发展中成员、弱小经济体以及没有 AMS 空间的发展中成员应免予减让；二是限制并最终取消微量允许水平之上的 AMS；三是严格绿箱纪律，确保其真正非扭曲性质。此外，非加太集团还强调发展中成员在承诺水平和执行期方面应有灵活性，对发展中成员执行纪律提供援助和能力建设，将所有支持的上限设定在微量允许水平，第 6.2 条保持不变。非洲集团还强调应加强蓝箱纪律，以最终取消蓝箱措施。印度重申国内支持应以中印提案为基础，首先取消发达成员特定产品的 AMS，解决规则不公平问题，强调发达成员 AMS 与发展中成员对贫困农民的生计补贴性质不同。发达成员将大部分补贴转为绿箱，很多发展中成员难以使用绿箱条款，应通过特殊差别待遇使之可为发展中成员所用。印度、南非等还强调不能接受透明度方面的新义务。

瑞士、日本等G10成员强调国内支持纪律应重点限制AMS和微量允许，封顶不应以各成员现有水平为参照，因为当前的水平是通过支持政策改革的努力取得的，改革不应受到惩罚而应得到鼓励。

（二）市场准入

非洲集团认为市场准入谈判应取决于国内支持所能取得的成果，强调非洲集团关注市场准入中特殊产品（SP）、关税简化、关税升级、关税高峰等议题。乌拉圭表示关税简化是市场准入谈判的第一步，将复杂关税转化为从价税将大大提高透明度和确定性。

印度表示其优先关注的是国内支持，在市场准入方面不是要价方。市场准入中应优先谈判关税简化。

日本等G10成员表示农业市场准入与其他议题挂钩不可避免。欧盟、加拿大都质疑挑选关税简化等某一议题谈判的做法。加拿大表示关税转化成从价税的结果受转化方法影响很大，转化后很可能造成出口方利益的减损，应深化讨论，以综合的方式推进谈判。

中国则认为小部分成员在市场准入享有的政策特权会导致更加严重的贸易扭曲，破坏贸易透明度和可预见性，并表示市场准入应采取渐进的谈判方式，可从敏感度较低的关税简化、高峰和升级等议题，采取更加切合实际的方法，逐步解决贸易扭曲和不公平等问题。

（三）棉花

乍得代表最不发达成员强调棉花对于WTO谈判的重要性，以及对于数以百万计的贫困农民生计的重要性，希望第十二届部长级会议能取得实质成果。印度表示其棉农境遇类似棉花四国（C4），都是脆弱、边缘化的农民。棉花问题的关键是国内支持规则的不公平，发达成员AMS与发展中成员生计型的补贴完全不同。

哥伦比亚强调棉花的解决方案不能排除最大的补贴者，应包括所有主要成员。澳大利亚强调棉花解决方案想要有实质成果，就不能允许主要的补贴成员逃避纪律，小规模棉农不在乎提供的补贴属于哪种类别，只在乎这些补贴是否为扭曲的、影响其生产的。

中国则认为，棉花国内支持纪律必须考虑相关支持的性质，准确区分发达成员提供的商业型支持和发展中成员为保障小农生计提供的生计型支持，并且支持棉花小组工作，并积极在数据收集和分析方面做出贡献。

（四）谈判工作组的谈判进程

印度尼西亚代表 G33 表示，成员参与不同工作组的雄心水平不同，但这些差异不应影响谈判议程或特会讨论的议题。G33 支持谈判工作组进程，并坚持此进程不应超越部长授权。美国认为应当反思当前的谈判方式和特别工作组的工作方式，应给予成员更多的时间思考和讨论问题，从而使会议更有成效，比如粮食安全公共储备（PSH）讨论，应讨论成员如何实施储备项目，以及项目执行如何影响贸易，如果没有新的信息提供，是否还有必要再开工作组会？再如特殊保障机制（SSM），应直到所有成员愿意全面展开市场准入谈判再行讨论 SSM，否则应暂时搁置，建议放缓工作组和特会的节奏和频率，以便成员更好地准备和参与谈判。有些成员一方面强调谈判紧迫，对缺乏进展表示担忧，另一方面，有些成员立场僵化拒绝显示灵活性，若没有当今农业面临的真正问题的清晰信息，MC12 只能重蹈失败的覆辙。

欧盟表示工作组方式虽然对于信息交换等方面是有价值的，但自 MC11 以来成员并未进行真正谈判，而是重复既定立场，其中一些较为极端，因此，应转换工作方式。

智利表示下一步应集中于若干议题，SSM 议题应在专门会议讨论，其工作组讨论在获得更多的背景信息前应暂时搁置。阿根廷认为目前的谈判方式虽有助于交换意见，但非谈判进程，一些成员仍持极端立场，拒绝出价，若谈判仍保持现状，不会有结果。只有所有成员都作贡献才可能取得成果。

农业特会主席福特则多次表示，尽管有些成员抱怨进展缓慢，但其对目前较高的谈判参与度表示欣慰，对前景仍保持乐观，希望成员继续提出提案，弥合分歧。

中国农业外资对外开放问题分析

当前，中国经济由高速增长逐渐转向高质量发展阶段，国际环境正在发生深刻变化。面对新形势、新任务、新要求，党中央、国务院作出了实行高水平贸易和投资自由化便利化政策的决定，中国外资对外开放进程继续加速推进。农业是中国国民经济的基础行业，也是中国外资开放必不可少的重要领域。分析中国农业外资开放的演变过程和特征，提出进一步开放的领域和措施，将有利于提升农业对外开放水平，提高中国农业利用外资的质量。

一、中国农业外资对外开放进程

2017 年起中国外资准入施行"准入前国民待遇＋负面清单管理"制度，但相关政策文件仍然以《外商投资产业指导目录》的形式出台，并未单独出台适用于全国的准入特别管理措施。2018 年，中国首次出台了《外商投资准入负面清单》，2019 年 6 月 30 日，国家发展和改革委员会、商务部再次对外发布《外商投资准入特别管理措施（负面清单）（2019 年版）》和《自由贸易试验区外商投资准入特别管理措施（负面清单）（2019 年版）》，进一步缩减了清单，加大对外资开放力度。

2018 年版和 2019 年版负面清单涉农投资的开放措施主要包括以下内容（表 1）。

一是放宽农作物种子生产外资限制。2017 年版《外商投资产业指导目录》明确规定，农作物新品种选育和种子生产必须由中方控股；2018 年全国版负面清单，取消了小麦、玉米之外其他农作物新品种选育和种子生产的外资限制，并在自贸区版负面清单中将小麦、玉米新品种选育和种子生产外资股比由不超过 49％放宽至不超过 66％。

二是取消稻谷、小麦、玉米收购、批发的外资准入限制。稻谷、小麦、玉米的收购、批发一直限制外资进入，2018 年全国版负面清单取消了这一规定，允许外资进入稻谷、小麦、玉米收购和批发领域。

三是取消禁止外商投资野生动植物资源开发的限制。2019 年版负面清单出台以前，中国禁止外资投入稀有和特有珍贵优良品种的研发、养殖、种植以及相关繁殖材料的生产；2019 版负面清单中，取消了外商投资野生动植物资源开发的限制。

四是取消中国管辖海域及内陆水域水产品捕捞的外资准入限制。2019 年版负面清单出台以前，中国禁止外资在其管辖海域及内陆水域捕捞水产品；2019 年自贸区版负面清单中，取消了中国管辖海域及内陆水域水产品捕捞的外资准入限制。

表 1　中国农业外资负面清单变化

序号	2017 年版		2018 年版		2019 年版	
	限制外资	禁止外资	全国负面清单	自贸区负面清单	全国负面清单	自贸区负面清单
1	农作物新品种选育和种子生产（中方控股）		小麦、玉米新品种选育和种子生产须由中方控股	将小麦、玉米新品种选育和种子生产外资股比由不超过 49%放宽至不超过 66%		
2	稻谷、小麦、玉米收购、批发		取消稻谷、小麦、玉米收购、批发的外资准入限制			
3		稀有和特有珍贵优良品种的研发、养殖、种植以及相关繁殖材料的生产			取消禁止外商投资野生动植物资源开发的限制	
4		农作物、种畜禽、水产苗种转基因品种选育及其转基因种子（苗）生产				
5		中国管辖海域及内陆水域水产品捕捞				取消中国管辖海域及内陆水域水产品捕捞的外资准入限制

二、中国农业外资对外开放特点

中国农业外资开放紧跟全国对外开放步伐，逐步减少了外商投资限制。截至目前，除部分种子研发核心领域限制外资进入外，中国粮油市场已经实现对外的全面开放。

一是对外开放领域力度加大。2018 年全国版和自贸区版负面清单由 2017 版的 5 条措施减至 3 条措施，并放宽了农作物新品种选育和种子生产的股比要求，除小麦和玉米良种口粮作物外，其他农作物种子领域全面放开；2019 年全国版负面清单取消了对外商投资野生动植物资源开发的限制，自贸区负面清单的涉农措施仅保留 1 条措施，取消了中国水产品捕捞的外资准入限制。

二是更加对标国际规则。随着对外开放不断深入以及负面清单管理制度的逐步完善，中国包括农业在内的各领域外资管理逐步与国际高标准规则接轨，实现内外资同等待遇。2019 年 3 月出台的《中华人民共和国外商投资法》明确规定，对外商投资实行准入前国民待遇加负面清单管理制度，对于负面清单之外的领域，“法无禁止即可为”，按照内外资一致原则实施管理，不得专门针对外商投资设置准入限制。

三是透明度和规范度提高。自 2018 年版负面清单开始，全国版的负面清单从《外商投资产业指导目录》中独立出来，不再分为“限制类”和“禁止类”两部分，与自贸试验区负面清单的表述和体例一致，使境外投资者更容易理解、更容易比对。与此同时，负面清单以统一、透明的方式列明了包括农业在内的行业股比要求，进一步提高了负面清单的透明度、规范度。

三、中国农业外资对外开放的思路与建议

（一）统筹推进中欧及其他多边、双边投资协定谈判

建议以中欧投资协定谈判为重点，积极推进农业领域的对外开放。宏观层面，中方在中欧投资协定谈判中的诉求，一方面应着力消除欧盟不同成员国在市场准入方面的不一致规定和不合理限制，在法律上确保中国企业在欧盟所有成员国享有平等的准入机会；另一方面，随着国际投资方式的不断创新，应推动协定的管辖范围既包括传统的直接投资，也兼顾间接投资等其他投资方式。农业方面，鉴于农业的重要性和敏感性，应在前期认真梳理和分析欧方在此前签署的投资协定中的负面清单，并面向行业协会、学界、企业开展广泛咨询，针对相关敏感产业深入调查研究，为提出负面清单农业相关领域做技术支撑，以便在谈判时有的放矢，掌握主动。与此同时，中国正全面实施自由贸易区战略，应有序推进区域全面经济伙伴关系（RCEP）等多边、双边自贸区谈判，通过自贸区框架推进包括农业在内的外资准入进程，主动对

接国际规则。

（二）借助自贸试验区促进农业利用外资

在河南、陕西等部分以农业为主导产业的自贸试验区（片区）建设国际食品产业园，充分发挥园区集聚作用，积极引进国内外面制品、肉制品和水产制品等各领域的知名企业，充分利用保税加工政策，同时加大对重点精深农产品加工企业、综合利用加工短缺产能和重要特色农产品原料收购的信贷支持力度，鼓励开发新型安全、方便、营养、健康的食品，打造重点农产品的加工产业链，提升农产品精深加工产业利用外资的质量和效果。

（三）合理引导外资流向

领域方面，中国在发布2019年版外商投资负面清单的同时，也公布了《鼓励外商投资产业目录》，明确鼓励外资流向食用油料、蔬果等15项涉农产品的种植和加工领域，建议根据中国现阶段农业发展特点，结合上述重点鼓励产业，鼓励外资投资农业基础设施改造、畜禽养殖规模化生产基地建设、农产品储藏和加工项目、先进农机设备生产等项目。区域方面，有序引导农业外资投向中西部和东北地区，充分利用其丰富的农业资源，促进农业发展，实现农业外资在区域布局上的均衡发展，同时促使沿海地区提高农业技术创新方面的外资利用水平，并在江苏、山东、浙江等地率先取得成效。

（四）完善涉农外资安全审查机制

一方面，设立事后审查机制。建议参照美国《外国投资与国家安全法》，设立事后监督机制，一旦发现并购可能形成垄断，可启动事后审查程序，从而最大限度地保护中国农业产业安全。另一方面，审查时统筹考虑环境和社会因素。审查涉农外资并购时，除考虑新增就业机会、技术引进等经济利益，还应考虑对本地重要植被与野生动物生存环境的影响、对历史文化遗产保护或开发的影响等，确保在不损害环境质量的前提下，引进有利于中国农业发展的外国投资。

中俄农产品贸易的比较优势与合作潜力

近年来，中国与俄罗斯在农产品贸易领域的经济合作发生了质的变化，并且作为对外经济活动的优先方向反映在两国长期的发展战略之中。中俄关系被提升为“新时代中俄全面战略协作伙伴关系”，两国农业经济贸易的重要性不言而喻，对减少贫困、促进粮食安全以及创造就业等具有重要的现实意义。本文在考察中国与俄罗斯之间的农产品贸易时，重点研究两国农产品贸易规模的走势、贸易结构的层次、具体产品的比较优势以及未来合作的发展前景，以期为构建动态而稳定的中俄农产品贸易合作体系、降低双方合作的风险、实现资源和环境的可持续性、保障国家粮食安全等战略目标的实现提供依据。

一、中俄农产品贸易现状分析

中国人均资源不足，适度进口是必然选择。中国与俄罗斯是世界上重要的农产品生产国家，两国在气候、土壤、耕种方式上的差异使得两国农产品具有一定互补性。2018 年，中俄两国贸易额首次突破 1 000 亿美元，达到 1 070.6 亿美元，增幅达 27.1%。中国已经连续 9 年成为俄罗斯第一大贸易伙伴，是俄罗斯最大进口来源国和出口目的地国。2019 年上半年，两国贸易投资继续保持较快增长，这一成绩在全球贸易投资放缓大背景下来之不易，同时也表明中俄合作前景广阔。

（一）中俄农产品贸易规模

从贸易规模来看，中俄农产品双边贸易发展较快，2018 年双方农产品贸易额 52.6 亿美元，是 2000 年的 8.5 倍，年均增长率为 12.6%。其中，中国自俄罗斯进口增长超过 6 倍，年均增长率为 11.7%；相比之下，2000—2018 年中国对俄罗斯农产品出口额增速更快，较 2000 年增长了 10 倍以上，年均增长率为 14.5%，但出口额仍然较低，2018 年中国对俄罗斯农产品出口额为 20.4 亿美元，仅占中国农产品出口总额的 2.6%，也只占俄罗斯农产品进口总额的 6.7%。整体来看，中俄两国农产品的贸易呈现出三方面特征：

(1) 从中方角度看，中俄农产品贸易重心开始偏向进口。2000—2018年，中俄农产品进出口贸易均呈现增长态势，2010年中国与俄罗斯农产品贸易一直处于出口大于进口水平，但从2016开始，两国的农产品贸易首次打破这一规律，2017年进口同比增长51.%，远超过进口的增速，这说明近两年中俄在农产品贸易领域的重心逐渐偏向进口。

(2) 农产品贸易额在中俄双边贸易总额中的比重波动性下降。中俄农产品贸易额在双边贸易总额中的比重长期在4%～10%浮动。2015年，受俄罗斯经济疲软、卢比贬值的影响，中俄贸易额由2014年的952.7亿美元，减少到680.2亿美元，减少28.6%，尽管农产品贸易也减少9%，但农产品贸易额在总贸易额中所占的比重却呈上升趋势，由2014年的4.1%增加到5.2%。但从整体趋势来看，中俄农产品贸易额在中俄双边贸易总额中的比重呈现波动性下降态势，2018年中俄贸易总额突破1 000亿美元，同比增长27.1%，其中农产品贸易额为52.6亿美元，同比增长28.2%，在双边贸易总额中占比4.9%，相比2000年的7.7%下降近3个百分点，农产品的贸易发展速度在双边总贸易中放缓。可以看出，在中俄贸易总额上升的同时，双边农产品贸易额的发展速度较慢。

(3) 中俄两国农产品贸易经历了逆差—顺差—重回逆差的变化趋势。2000—2018年，中俄两国农产品贸易主要经历了3个时期，分别为逆差时期、顺差时期和重回逆差时期。具体来看，第一阶段（2000—2007年）为逆差时期，该时期内，中国在两国农产品贸易中一直处于农产品贸易逆差地位，逆差范围介于2003年的1.5亿美元与2005年的4.2亿美元之间，这期间一直处于净进口状态。第二阶段（2008—2015年）为顺差时期，从2008年开始，中国扭转了贸易逆差的地位，出现顺差且顺差额不断扩大，2014年中国对俄罗斯农产品贸易顺差额达到最大为7.8亿美元，但到2015年顺差的优势急剧降到1亿美元。第三阶段（2016—2018年）为重回逆差时期，从2016年开始，俄罗斯出口中国农产品贸易额超过了进口中国农产品贸易额，出现对中国农产品贸易的顺差，从0.5亿美元顺差发展到2018年的11.6亿美元顺差优势，是其顺差历史峰值2005年的2.8倍，而中国则又重新回到逆差地位，这从一个侧面反映了中国与俄罗斯在农产品贸易领域广泛的互补性格局。

（二）中俄农产品贸易结构

2000—2018年，中俄两国贸易的农产品主要包括：水产品、油籽、植物油、蔬菜、水果、粮食（谷物）、饮品类、畜产品等产品。中国主要向俄罗斯出口水产品、水果和蔬菜，2018年三大农产品出口额为15.8亿美元，在农产品总出口额中占比 71.5%。在此期间，中国对俄罗斯水产品出口贸易呈现阶梯式增长，2018 年出口额为 5.2 亿美元，年均增长率为 21.9%，同比增长 11.9%。中国对俄罗斯水果出口贸易整体呈现增长态势，2018 年出口额为 5.5 亿美元，年均增长率为 18.6%，同比增长 11%，发展速度仅次于水产品。中国对俄罗斯蔬菜出口贸易也呈现波动性增长态势，年均增长率为 18.6%。但从 2016 年开始逐渐下降，从 5.6 亿美元降为 2018 年的 5.1 亿美元，平均每年下降 5.3%。此外，诸如畜产品、谷物、油籽等金额较少产品的出口整体表现为下降趋势，饮品类表现为增长趋势。

中国自俄罗斯进口的农产品比较集中，主要以水产品为主，且呈现逐年递增态势。2018 年水产品进口额为 22.2 亿美元，在农产品总进口额中占比 69.2%，与 2000 年的 4.2 亿美元相比，年均增长率 9.7%。2015 年开始，油籽和植物油也逐渐发展为中国自俄罗斯进口的主要产品，其中 2018 年油籽进口额为 3.7 亿美元，在农产品总进口额中占比 11.4%，是 2015 年进口额的 2.5 倍。2018 年植物油进口额为 3.9 亿美元，在农产品总进口额中占比 12.1%，是 2015 年进口额的 5.2 倍。此外，中国自俄罗斯进口的其他主要产品如畜产品、谷物、饮品类等金额较少的产品表现为增长趋势。

通过分析上述中俄农产品贸易结构可以看出，中国对俄出口以劳动密集型产品为主，进口以水产品等资源密集型产品为主，而且 2015 年以后油料作物、谷物等产品大幅增加。目前，俄罗斯是中国水产品第一大进口国，2018 年自俄水产品进口额占中国水产品进口总额的 14.8%。中俄农产品贸易额在双边贸易额中所占比重仍较低，长期保持在 5%以内，且两国农产品贸易结构过于集中，应不断优化并朝着种类多元化趋势发展。

二、中俄农产品比较优势分析

基于前文对中俄间农产品贸易变动与产品结构的分析，本节通过利用世界农产品和中俄农产品贸易数据①，测算两国农产品的产品相似度、市场占有率、显性比较优势指数（RCA 指数），分析中俄两国农产品贸易的比较优势和增长前景。

① 本文中的农产品贸易数据均来自联合国商品贸易统计数据库（comtrade. un. org），对于农产品主要统计 HS 编码系统 1992 年版本中 01－24 章以及 51、52 章，样本期为 2000—2018 年。

（一）中俄农产品的产品相似度

产品相似度指数[①]主要用来衡量任意两国或地区在第三市场或世界市场上出口产品的相似程度。由于中俄两国出口产品结构存在差异，总贸易额的比较无法全面反映出口产品的竞争程度。因此，可以采用出口产品相似度指数衡量双方农产品在世界市场上的直接竞争程度。

2000—2018年，中俄两国农产品相似度指数呈现“下降—缓慢上升—重新下降”趋势，但产品相似度指数基本均在50以下。整体来看，中俄农产品贸易有较大发展潜力。第一阶段是下降阶段（2000—2008年），两国产品相似性指数不断下降，从2000年的56.1降至2008年的31.8，这说明两国在国际市场上的专业化分工程度正在提高，表明两国农产品在世界市场上的竞争趋于缓和。第二阶段是缓慢上升阶段（2009—2016年），两国产品相似性指数逐渐上升，在此期间两国出口结构趋于收敛，意味着这期间中俄两国农产品出口在世界市场竞争趋于激烈。第三阶段是重新下降阶段（2017—2018年），两国产品相似性指数从2016年的43.7逐渐下降，2018年两国农产品相似性指数为40.7，意味着近几年中俄两国的农产品出口在世界市场上的竞争趋于缓和。

（二）中俄农产品的市场占有率

国际市场占有率是指某个国家的出口额在特定市场上所占的比重，可从总体上反映一国产品的竞争力水平，它的增长可以说明出口国竞争力的提高。在全球农产品市场上，2000—2018年中国农产品竞争力呈现波动性增长态势，在经历2004—2008年的低谷后不断增长，2018年国际市场占有率提高至6.1%。俄罗斯农产品国际市场占有率整体呈现上升态势，但起点较低，2000年占有率仅为0.3%，2018年增长到1.59%。

（1）在国际市场上，从具体产品来看，中国的HS52（其他动物产品）、HS05（棉花）、HS13（虫胶、树胶、树脂）、HS51（羊毛、动物细毛或粗毛）、HS03（鱼及其他水生动物）、HS07（食用蔬菜，根及茎块）等产品竞争力较强，其中HS52的市场占有率近几年高达25%以上，其次是HS05、HS13、HS51，近几年市场占有率均在15%以上。而俄罗斯农产品中，国际市场占有率较高的只有HS10（谷物），其市场占有率从2000年的0.3%提高

① 产品相似度指数的变动范围在0～100之间。当指数为100时，表明两国对第三市场或世界市场出口商品的结构完全相同；而指数为0时，则两国出口商品的结构完全不同。

至2018年的9.6%，逐渐发展成为具有一定竞争力的产品。纵观俄罗斯其他产品，在国际农产品市场上的份额都较低。

(2) 在俄罗斯市场上，中国农产品的竞争力较低，但在不断加强，市场占有率从2000年的2.2%提高至2018年的6.6%，发展较快。其中，HS13、HS14（编结用植物材料）、HS07、HS20（蔬菜、水果、坚果）等植物产品是中国在俄罗斯农产品市场最具竞争力的产品，2018年市场占有率都在20%左右；其次是HS16（肉及其他水生无脊椎动物的制品）、HS03、HS51、HS52等，2018年在俄罗斯市场占有率均在15%左右。2000—2018年，HS16在俄罗斯的占有率曾高达20%以上，但波动性较大，2018年为16.9%，HS03（水产品）则一直呈现逐年增长的态势，两章产品的占有率共同说明了中国水产品在俄罗斯市场具有较强的出口优势。中国HS51、HS52在俄罗斯的市场占有率也表现出较强的波动性，其中HS52的市场占有率从2000年开始逐步增长，在2013年达到观测年份的最高值20.9%，随后开始下降，在2018为15.8%。中国HS51的市场占有率，在2008—2011年都高达15%以上，表现出较强的竞争优势，但从2012年骤降，随后逐步增长到2015年的历史峰值27.5%，2018年又下降至17.3%。总的来说，中国植物产品和水产品在俄罗斯的市场占有率较高，表现出稳定的较强出口优势。

(3) 在中国市场，俄罗斯农产品市场占有率很低，特别是2007年以后，市场占有率从以往的3%左右降为2%以下，2018年增长到2%以上。具体产品中，竞争力较强的产品只有HS03，且其竞争力也一直在弱化，整体呈现出市场占有率不断下降的态势，从以往30%左右的市场占有率逐步下降为2018年的18.2%。俄罗斯的HS15（油脂类产品）一直以来在中国市场的占有率都很低，但从2016年开始呈现明显增长发展趋势。

整体来看，中国具有比较优势的农产品大多为劳动密集型和土地密集型产品，这也充分体现了中国具有的资源和人口优势，但为了提高农业资源配置效率，应该优化中国农产品出口结构，创造动态比较优势，将农产品产业发展与创新技术相结合，降低劳动密集型农产品成本，提高农产品出口质量。中俄双方的农产品在国际市场上占有率都很低，竞争力提升空间很大。在双边农产品贸易中，中国竞争力略高于俄罗斯，水产品是双方在对方市场上都具有竞争力的产品。中国在充分发挥植物产品等产品竞争优势的基础上，应积极开发俄罗斯有潜力的产品，未来俄罗斯的植物油和油籽在中国市场的发展空间将增大，前景广阔。

（三）中俄农产品的 RCA 指数

显性比较优势（Revealed Comparative Advantage，RCA）指数[①]是反映一个国家或者地区的某产业在国际贸易中所占的比较优势，不考虑国家和世界的总量变动这些因素。通过测算某类农产品在中俄两国出口中所占的份额与世界贸易中该产品占世界贸易总额的份额之比来表示，剔除了国家总量波动和世界总量波动的影响，可以较好地反映两国农产品的出口与世界平均出口水平比较的相对优势。通过测算 2000—2018 年中俄两国各类农产品的比较优势指数，可发现两国农产品的竞争优势存在明显的差异。

（1）从两国农产品整体比较优势看，俄罗斯竞争优势不足但发展潜力较大，中国竞争优势下降且发展动力不足。2000—2018 年，中国和俄罗斯的农产品 RCA 指数除个别年份外均小于 0.8，说明两国农产品整体在国际贸易中没有竞争优势，俄罗斯农产品 RCA 指数呈现逐年增长趋势，竞争优势不足但发展潜力较大，而中国整体呈现下降趋势，发展动力不足。

（2）从分类农产品的比较优势看，中国农产品的比较竞争优势在弱化，俄罗斯农产品的竞争优势逐渐凸显。其一，近 20 年来，中国具有很强、较强竞争优势的产品竞争性降低，如 HS52 的 RCA 指数也从以往 2.5 以上水平降低至 2～2.5，但一直都是具有较强竞争优势的一类产品，HS51 和 HS16 的 RCA 指数也从 2000 年的 2.5 以上变成现在的 1.3，其较强的竞争优势也在弱化。其二，中国出口到全球的具有较强优势的农产品类别在减少，如 HS07、HS14、HS20 等产品的较强竞争优势均出现下降，成为只具有一定出口优势的产品。但也有例外，中国 HS13 的 RCA 指数呈现出增长态势，2018 年达到 1.5，在国际市场上逐渐成为具有较强出口竞争优势的产品。

相比之下，近年俄罗斯农产品的竞争优势逐渐凸显，在俄罗斯的农产品国际贸易中，HS10 谷物是具有很强国际出口优势的农产品，近两年的 RCA 指数均在 3 以上。俄罗斯 HS03 水产品的 RCA 也呈现增长态势，2018 年的 RCA 指数为 1.6，在国际市场上逐渐成为具有较强出口竞争优势的产品。HS15 也从毫无竞争优势的产品发展为具有一定出口竞争优势的产品。

整体而言，中俄两国对全球的农产品出口都不具备明显的竞争优势，但从农产品内部结构来看，中国与俄罗斯各自具有比较优势的农产品重叠度不高、

---

① 一般认为，当 RCA≥2.5 时，表明 i 国 k 产品具有很强的出口比较优势；当 1.25≤RCA<2.5 时，表明 i 国 k 产品具有较强的出口比较优势；当 0.8≤RCA<1.25 时，表明 i 国 k 产品具有一定的出口比较优势；当 RCA<0.8 时，表明 i 国 k 产品不具有出口比较优势。

种类差别较大，两国农产品比较优势差异明显，从各自的资源禀赋和竞争优势指数表明，两国的树胶、动植物油脂、谷物等产品在市场中仍具有进一步合作的巨大空间。

三、中俄农产品的发展潜力分析

本节主要采用 TCI、GL、TII 指数对中俄农产品贸易进行历史数据分析，研究中俄农产品整体贸易趋势、互补性、结构特征及其动态变化，从互补性、贸易水平与贸易强度 3 个方面深入挖掘两国之间的农产品贸易潜力和合作空间，明确中俄农产品贸易的发展潜力和未来重点合作领域，以提升中俄农产品贸易规模。

（一）中俄农产品互补优势分析

一国出口比较优势与他国进口比较劣势共同促成了两国开展互补性贸易。因此，本文选用贸易互补性指数（Trade Complementarity Index，TCI）衡量中俄两个国家之间基于比较优势的贸易潜力。

贸易互补指数是以显性比较优势指数（RCA）为基础来进行计算的，一般 TCI>1 时，表明某国与其贸易伙伴国在某一类商品上的互补性较强，反之则互补性较弱。如果两国的贸易具有互补性，即一方集中出口的产品与另一方集中进口的产品相吻合，则双边贸易关系的发展将使两国现有的生产模式得以维持，表示有很大的合作发展潜力。

1. 全部农产品

2000—2018 年，当以中国为出口国测算中俄两国贸易互补性时，农产品的 TCI 值一直在 1 以下，两国农产品互补性较弱，但呈现逐年增长趋势，TCI 值从 2000 年的 0.8 逐步增加至 2018 年的 0.96，互补性在逐渐增强。当以俄罗斯为出口国测算中俄两国的贸易互补性时，俄中农产品的互补性呈现不断变化的态势。2000—2007 年，俄中农产品的 TCI 值呈现下降趋势，从 2000 年的 1.6 下降至 0.62，互补性由强到弱。从 2008 年开始，俄中农产品的 TCI 值开始上升，2018 年俄中农产品的 TCI 值为 0.88。从整体上看，中国与俄罗斯农产品贸易整体互补性 TCI 值基本都小于 1，但中俄 TCI 值与俄中 TCI 值基本保持上升趋势，显示两国农产品互补性潜力很大。

2. 具体农产品

当以中国为出口国测算中俄两国贸易互补性时，中国农产品 HS13 的 TCI 值最高，近几年基本保持在 4 以上，2018 年达到 5.08，说明中对俄出口的

HS13 对俄罗斯国内需求是相吻合的，显示出很强的互补性。其次是 HS07、HS16、HS20、HS52 等产品，TCI 指数基本都在逐年增长，2018 年几种农产品的 TCI 值分别为 3.89、2.07、2.01、3.83，都在俄罗斯市场上表现出很强的互补性。此外，中俄双方在 HS03、HS05、HS08、HS09 等产品领域都有较强的互补性，在 2018 年的互补性较以往均增强，TCI 指数都在 1.5 以上。在以俄罗斯为出口国测算中俄 TCI 指数时，双方在 HS03、HS10、HS12、HS15 等产品上互补性较强，特别是 HS10 在 2018 年的 TCI 指数超过 4，其余几类也都在 2 以上，在中国市场上表现出很强的互补性。

整体来看，中国出口到俄罗斯市场上互补性较高的农产品较多，主要以水产品、蔬菜、水果为主；俄罗斯出口到中国市场上互补性较高的农产品则偏少，主要以谷物、水产品、油籽和油脂产品为主。通过对中俄双边 TCI 指数的测算，可知当前中国与俄罗斯还没有形成比较完整的农产品互补格局，但中俄之间的竞争优势产品各不相同，两国间的贸易互补性在逐渐增强，在贸易的总体水平和产品互补性水平上，均表现出很大的贸易潜力，加强双方农产品合作将会带来共同利益。

（二）中俄农产品产业内贸易水平与结构

随着中俄合作关系进一步加强，两国农产品贸易方式与结构正在发生新的变化。为充分发挥资源禀赋互补优势，提高资源利用率，实现中俄农产品贸易稳健增长，满足两国人民对于不同质量和属性的农产品需求，需要对中俄农产品产业内贸易水平与结构进行深入细致的考察，合理应用产业内贸易指数(Grubel - Lloyd，简称 GL 指数)[①] 方法，从整体农产品再到具体农产品，全方位地分析中俄农产品产业内贸易水平与结构的现实状态。

1. 中俄整体农产品产业内贸易

经济全球化的持续加深使产业内贸易日渐盛行，并成为国际贸易的重要增长方式。2000—2018 年，中国与俄罗斯农产品产业内贸易指数均小于 0.5，表明在过去的 20 多年，产业间贸易是中国与俄罗斯农产品贸易的主要方式，两国具有不同的资源禀赋和农产品比较优势，互补性较强。在此期间，加权 GL 指数整体呈现“上升—下降”的波动性变化态势，上升阶段（2000—2014 年）

① GL 指数使用十分广泛，但存在整体与部分偏差、贸易不平衡、难以区分水平型与垂直型产业内贸易等不足，因此，本文对具体农产品采用 GL 指数，整体农产品则采用加权 GL 指数。产业内贸易指数，取值在 0 和 1 之间，数值越大代表产业内贸易水平越高，一般认为 GL 大于 0.5 代表着某类产品贸易以产业内贸易为主。GL 小于 0.5 代表着某类产品贸易以产业间贸易为主。

的加权GL指数从0.05增长到0.23，从2015年开始逐步下降，2018年中俄两国农产品的产业内贸易指数为0.15，以产业间贸易为主。

2. 中俄具体农产品产业内贸易

中国与俄罗斯在不同类别农产品的产业内贸易水平上存在显著差异。根据不同类别农产品产业内贸易指数变化情况，通过横向对比可以看出，2018年，仅有HS22、HS23、HS24的产品贸易表现出较高的产业内贸易水平，而其余HS03、HS07、HS10等产品贸易均以产业间贸易为主。从纵向对比来看，2000—2018年HS23等产品的产业内贸易指数呈增长态势，由0增长至0.74；HS15、HS05（其他动物产品）等产品的产业内贸易指数则表现出大幅下降态势，分别由0.77、0.76下降至2018年的0.03、0.17；HS01、HS07、HS16、HS17等产品的产业内贸易指数长期以来波动幅度较小，且维持在较低的0.05水平。

中俄两国农产品产业内贸易水平低下，贸易的增量主要来源于产业间贸易。但近10年来双方产业内贸易水平得到不断提升，提高产业内贸易水平有助于最有效地利用两国在国际竞争中的优势，未来双方在农产品产业内贸易方面存在着巨大的发展空间。

（三）中俄农产品贸易强度分析

比较优势指数和贸易互补指数能较好地描述中国与俄罗斯在农产品贸易上所处的地位和关系。但要全面衡量中国与俄罗斯在农产品贸易上的密切程度，还需借助贸易强度指数，通过计算中国与俄罗斯的贸易强度指数，分析未来两国的贸易增长潜力。贸易强度指数（Trade Intensity Index，TII）① 是衡量贸易对象国出口集中程度的指标，该指数能准确度量两国贸易往来的密切程度，从而较为全面地衡量两国的贸易增长空间。

从整体上看，2000—2018年，中俄两国农产品在对方市场上贸易的TII值基本都保持在1以上，说明两国农产品在对方市场上竞争力都较强，对对方出口份额都大于自身在世界农产品贸易地位中所预期的份额，说明中国和俄罗斯的农产品贸易关系较为紧密，双方对对方市场的开发程度都较高。

1. 中国对俄罗斯的贸易关系

本文根据TII值，将中国在俄罗斯贸易的农产品划分为：贸易关系密切的农产品、贸易密切程度增加的农产品、有合作潜力的农产品、贸易合作空间广

① TII_{ijk}表示i国向j国出口k类产品的贸易强度，TII_{ijk}大于1，表明两国就第k类商品的贸易关系密切，该指数越高说明贸易关系越紧密，合作空间就越小。

阔的农产品四大类。

（1）贸易关系密切的农产品：HS16、HS51。从中国对俄罗斯贸易的具体农产品的贸易强度指数来看，HS16、HS51 产品的贸易强度指数一直保持在 2 以上，说明中俄在肉、鱼等制品和动物毛等农产品方面贸易较为密切，贸易空间增长的可能性很低。

（2）贸易密切程度增加的农产品：HS14、HS17、HS23。近几年 HS14、HS17、HS23 等产品的 TII 值都在逐步增长并超过 1，说明这几年中国的植物材料、糖类以及食品工业残渣及废料等产品与俄罗斯贸易密切关系有所上升，未来中国这几种农产品与俄罗斯合作的空间将缩小。

（3）有合作潜力的农产品：HS07、HS08、HS13、HS20。HS07、HS08、HS13、HS20 等产品的 TII 值均呈现逐渐降低的趋势，说明这几年中国的水果、树胶以及蔬菜等产品与俄罗斯贸易密切关系有所下降，预示着中国这几种农产品在俄罗斯市场上将出现可开发空间。

（4）贸易合作空间广阔的农产品：HS09、HS10、HS11、HS12、HS19。与过去十几年相比，中国 HS09、HS10、HS11、HS12、HS19 等产品的 TII 值逐渐降低，2018 年的 TII 值均在 1 以下，这说明中国的咖啡、谷物、制粉产品、油籽等产品与俄罗斯贸易密切关系有所下降，双方合作空间广阔。

2. 俄罗斯对中国的贸易关系

同样地，本文根据 TII 值，将俄罗斯在中国贸易的农产品划分为：贸易关系密切的农产品、贸易密切程度增加的农产品、贸易合作空间广阔的农产品等大类。

（1）贸易关系密切的农产品：HS01、HS03、HS05、HS18。从俄罗斯对中国贸易的具体农产品的贸易强度指数来看，近几年 HS01、HS03、HS05、HS18 等产品的贸易强度指数一直保持在 2 以上，说明俄罗斯的活动物及动物产品、水产品与可可及可可制品在中国市场的贸易关系紧密，其中 HS01 的 TII 值曾几次高达 20 以上，但整体呈现下降态势；HS03 同样处于下降趋势，与中国市场贸易紧密关系略降，但都仍属于贸易密切产品。而 HS18 则不同于以上产品，其 TII 值只在 2004 年高于 1，其余年份均低于 0.5，但从 2015 年开始，逐步增长，2018 年的 TII 值高达 8.74，这说明俄罗斯的可可及其制品在近几年与中国贸易关系极为密切。

（2）贸易密切程度增加的农产品：HS11、HS12、HS15、HS16、HS22。近 3 年 HS11、HS12、HS15、HS16、HS22 等产品的 TII 值都在逐步增长并超过 1，这说明这几年俄罗斯在制粉产品、油籽、油脂产品、水产品制品，以及饮品类产品等方面与中国的贸易密切关系逐渐上升。

（3）贸易合作空间广阔的农产品：HS06、HS51。与过去十几年相比，俄罗斯 HS06、HS51 等产品的 TII 值逐渐降低，2018 年的 TII 值均在 1 以下，这说明中国的活植物、动物毛等产品与俄罗斯的贸易密切关系较以往有所下降，未来双方合作空间广阔。

在宏观层面，中俄两国农产品贸易具有资源互补性和市场互补性；在微观层面，俄罗斯出口大多为活动物及动物产品、水产品与可可及可可制品等产品，中国出口俄罗斯则主要以肉、鱼等制品、动物毛以及植物材料和糖类为主，这是符合两国的资源比较优势，中俄两国农产品贸易不仅存在竞争性，同时也存在较强的互补性，两国农产品贸易潜力较大。在全球化和贸易自由化的大背景下，中俄两国的农产品贸易发展将会获得更大助力。在未来，两国应进一步开展中俄自由贸易区前期可行性研究，加强政策协调、全面提升两国农产品贸易水平，创新农业贸易投资合作模式，搭建农业贸易投资信息服务平台。

四、中俄农产品双边贸易的问题分析及对策建议

随着中俄贸易的持续增长，两国之间的农产品贸易往来不断加深。在开放经济条件下，俄罗斯和中国双边农产品贸易合作取得较大成果，两国的农业贸易额每年都在增加，但贸易关系始终呈现波动性，双方之间的贸易合作也存在一些问题，现对中俄双边农产品贸易存在的问题及对策建议总结如下。

（一）中俄农产品双边贸易存在的问题分析

1. 中俄农产品贸易趋势利好，但发展存在不稳定性

中俄农产品双边贸易趋势利好主要体现在贸易规模上。在规模上，双方农产品贸易发展较快，贸易规模不断扩大。尤其是 2016 年以来，俄罗斯实现了对中国的农业贸易顺差，并从 0.48 亿美元的顺差地位发展到 2018 年 11.62 亿美元的顺差优势，意味着中国打开了俄罗斯的农业贸易市场，同时满足了中国对于俄罗斯产品的需求。但是两国的农产品贸易也存在不稳定性，2000—2018 年，在中俄贸易总额上升的同时，双边农产品贸易额的发展速度较缓，两国农产品贸易额在中俄双边贸易总额中的比重呈现波动性下降态势。中俄两国资源丰富，但受经济内部和外部的影响（如政策不完善等因素制约），阻碍了中俄农业双边贸易的稳定快速发展，导致中国和俄罗斯的农产品贸易合作存在不稳定性。

2. 中俄农产品贸易关系较为紧密，但贸易结构比较单一

俄罗斯和中国之间的贸易关系持续了很长时间，两国农产品贸易具有资

源互补性和市场互补性，在对方市场上的出口份额都大于自身在世界农产品贸易地位中所预期的份额，两国的农产品贸易关系较为紧密，双方对对方市场的开发程度都较高。但贸易合作主要依赖于两国的要素禀赋，两国农产品进出口存在产品结构单一的问题。中国对俄出口产品相对分散，主要以园艺产品等劳动密集型产品为主，而俄罗斯对华出口的农产品比较集中，历年主要以水产品为主，这种过于集中的贸易结构，并不利于两国农产品贸易更快更好的发展。

3. 中俄农产品的互补性逐渐增强，但产业内贸易水平仍较低

当前中国与俄罗斯尚未形成较完整的农产品互补格局，但中俄之间的竞争优势产品各不相同，两国间的贸易互补性在逐渐增强，特别是在贸易的总体水平和产品互补性水平上，均表现出很大的贸易潜力，加强双方农产品合作将会带来共同利益。但从过去的 20 多年来看，中国与俄罗斯农产品贸易的主要方式仍以产业间贸易为主，产业内贸易水平较低。这可能是由于两国的技术发展水平和产品结构差异较大，所以两国贸易的增量主要来源于产业间贸易。两国的产业内贸易水平直接决定着中俄贸易关系的发展，只有提高产业内贸易水平，才能推进两国高效利用彼此在国际竞争中的优势，争取未来在农产品贸易中的更大发展空间。

（二）中俄农产品双边贸易的对策建议

1. 加强双边沟通，创新贸易机制

增强两国的了解与互信，逐步放开各自重点保护领域，让双方农产品品类的互补性、市场需求的互补性能够充分发挥。在信息时代，信息体系建设对政府和生产者的辅助决策作用剧增，完善、快捷的农业信息体系建设已成为现代农业产业发展的必备条件。建设高水平的经贸信息共享平台，能够有效促进双方优势贸易企业间的合作，促使互助互利。拓展中国与俄罗斯在农业发展上的合作范围与贸易规模，丰富、创新贸易合作方式，要完善贸易规则，破解贸易障碍，充分挖掘存在进口缺口农产品的替代品，通过双边努力，让两国的农产品互补优势进一步发挥，不断扩大出口品类与进口品类，提升中俄农产品产业间贸易水平。

2. 优化贸易结构，促进品类多样

针对中俄农产品贸易结构单一，需进一步优化农产品的双边贸易结构。在发挥中俄农业互补性的同时，充分考虑两国农业存在的差异性，满足多样化需求，提高水平型产业内贸易。首先要保持两国农产品贸易政策的稳定性和透明度，减少相关不确定性，进一步发挥各种贸易的潜力。中俄农产品贸易互补性渐强，中俄双方应重点增加具有比较优势和特点的农产品贸易，实现互利共赢。其次要加快发展深加工农产品，通过推出绿色、有机、无公害的农产品，提升产品的附加值，提高垂直型产业内贸易水平，扩大中国对俄罗斯农产品贸易中的农产品出口市场份额与出口品类。在巩固自身在俄罗斯市场阵地的同时，也要逐步扩大俄罗斯农产品在中国的份额，随着农产品生产规模的扩大和生产能力的提升，促进双方农产品贸易的多元化，以最终实现双方在农产品贸易中的双赢。

3. 拓展合作领域，健全防范体系

加强中俄农业生产合作，发挥各自比较优势，拓展合作领域。在两国农业合作方面，可以从农业科技、农业劳动力、合作经营等方面开展深入合作，发挥各自在农业生产技术、农业经营管理、农业人力资本方面的优势，提高资源的利用效率。一方面，充分利用丝绸之路经济带建设机遇，推动俄罗斯进一步开放远东农业投资领域，积极促进中俄投资便利化。另一方面，鼓励中国农产品生产企业走出去，更好地生产符合当地人需要的农产品，在充分利用俄罗斯丰富耕地资源的同时，发挥中国劳动力资源的优势。另外，建立健全市场风险防范体系，积极了解俄罗斯政策动向，对俄罗斯经济、贸易政策进行监测预警，最大程度化解市场风险，推进双边农产品贸易健康、稳定、可持续发展。

自贸篇

ZI MAO PIAN

运筹构建周边自贸区新格局战略研究

自贸区建设是中国深化改革、扩大开放的重要途径。截至2019年，中国已完成17个自贸协定谈判，涉及25个国家和地区，其中一多半位于周边地区。当前，逆全球化与贸易保护主义沉渣泛起，国际多边贸易体制受到威胁，中国周边各国愈加重视区域经济合作，各类区域贸易安排纵横交错，国际经贸规则主导权的竞争日趋激烈，周边环境也愈加复杂。在中美贸易摩擦加剧的大环境下，周边地区在中国对外经贸合作中的地位更加重要，因而应着重分析东北亚、东南亚和南亚等地区重点国家的自贸区建设情况及最新动向，积极运筹周边自贸格局，为中国经济发展与和平崛起创造更加有利的外部环境。

一、中国与周边自贸区建设现状与特点

周边国家和地区是中国对外经贸合作的基础，以中国—东盟自贸区为起点，中国不断推进与周边国家和地区的自贸区建设，着力构建立足周边、面向全球的自贸区网络。

截至2019年，中国已完成谈判的自贸区有17个，涉及25个国家和地区，其中已签协议自贸区16个，已生效自贸区15个；同时，正在谈判的自贸区有12个，涉及28个国家和地区，正在研究的自贸区有9个。目前，与中国已签订协议或正在谈判阶段的自贸伙伴中，半数以上为周边国家和地区，主要集中在欧亚区域。其中，已签署协议的自贸区有9个，占全部已签协议的56.3%，涉及17个国家和地区，占全部已签协议伙伴数量的70.8%；正在谈判的自贸区有8个，占全部已签协议的66.7%，涉及24个国家和地区，占全部已签协议伙伴数量的85.7%。中国与周边自贸区建设有以下主要特点。

（一）以周边为基础，由双边促区域

周边国家和地区在中国对外战略布局中占有重要地位。周边国家和地区与中国地理位置相邻，交通相对便利，且大部分为发展中国家，与中国发展程度相近、开放诉求相似、谈判实力相当，在扩大开放的同时能够照顾彼此，深化经贸合作的愿望也较为强烈。中国在选择自贸伙伴时，主要遵循“先易后难”标准。优先选择周边与中国政治外交关系良好、双方产业和进出口商品结构互

补性较强，以及具有一定市场规模和辐射作用的国家和地区，通过“南南合作”方式积累自贸协定谈判经验，共同致力于推动建立公正合理的国际经济新秩序。2015 年 12 月，国务院在《关于加快实施自由贸易区战略若干意见》中正式提出，“加快实施自由贸易区战略，坚持分类施策、精耕细作，逐步构筑起立足周边、辐射‘一带一路’沿线国家和地区、面向全球的高标准自由贸易区网络”。随着改革开放的不断深入，中国自贸区建设步入快车道，在中国—东盟自贸区、中韩自贸区等双边自贸区的基础上，进一步推进 RCEP、中日韩自贸区等区域性自贸区建设，使自贸区成为中国改善外部环境、拓展市场空间、开展区域合作的重要平台。

（二）与周边优势互补，重视长期互利共赢

中国通过自贸区建设积极推动与周边国家和地区的贸易投资自由化与便利化，进一步拓展了经济合作领域与空间，对于推动中国及周边国家和地区的经济发展、改善当地人民生活、维护地区稳定发挥了积极作用，是加强与周边自贸伙伴政治互信、经济互惠、要素互通的重要平台。中国在与周边国家和地区开展自贸协定谈判时，秉承开放包容、平衡互惠的合作理念，优先考虑经济互补性强、能源资源丰富、市场规模大、存在共同利益点的国家，在顾及各自利益的前提下，灵活协商处理谈判范围、开放方式、开放程度与规则议题，并充分照顾发展中国家的发展实际，分享发展机遇和成果，重视睦邻友好共同发展的长远利益。例如，在中国—东盟自贸协定谈判过程中，中国充分考虑了东盟国家，特别是老挝、缅甸、柬埔寨、越南等经济发展水平相对落后的新成员的利益关注，创造性地采取了“早期收获”的方式，使双方能够尽快享受到自贸区的好处。此外，还同意给予东盟非 WTO 成员以多边最惠国待遇，帮助这些国家发展，推动实现互利共赢。

（三）发展周边自贸平台，对接“一带一路”

2015 年 3 月，国家发展和改革委员会、外交部、商务部在《推动共建丝绸之路经济带和 21 世纪海上丝绸之路愿景和行动方案》中提出，“宜着力研究解决投资贸易便利化问题，消除投资和贸易壁垒，构建区域内和各国良好的营商环境，积极同沿线国家和地区共同商建自由贸易区，激发释放合作潜力，做大做好合作‘蛋糕’”。这也正式将“一带一路”区域确立为中国自贸区建设的优先选择对象。随着“一带一路”倡议被众多沿线国家认可和支持，中国自贸区建设也开始从传统的周边国家和地区，扩展至“一带一路”沿线。目前，中国已与丝绸之路经济带的重要节点国家格鲁吉亚以及 21 世纪海上丝绸之路的

重要驿站马尔代夫达成了自贸协定。同时，积极推进与海湾阿拉伯国家合作委员会、斯里兰卡等“一带一路”沿线国家的自贸协定谈判，并与尼泊尔、孟加拉国、蒙古国等国家开展联合研究，使自贸区成为推进“一带一路”建设的重要平台和抓手。

（四）向周边延伸产业链，带动国内经济发展

周边国家和地区是中国构建区域产业链的重要组成部分。通过自贸区建设，不仅降低了关税和非关税壁垒，便利商品流动，更重要的是促进中国与周边国家和地区的相互投资，实现资源优化配置，形成紧密联系、深度交融的产业链和价值链。例如，通过中国—东盟自贸区建设，双边经贸联系日益紧密，中国企业利用东盟国家人力资源优势，逐步转移劳动力密集型生产环节，在东盟建立原材料生产基地、产品生产装配基地，通过自贸区零关税政策合理配置资源，优化产业布局；而通过中韩自贸区建设，中国企业加大对韩国电气电子、机械装备、精密仪器、医疗器械、金属制造与加工等行业的投资，利用其先进的制造技术提升自身实力，向产业链中高端延伸。同时，与周边国家和地区的自贸区建设也为国内相关地区尤其是沿边、沿海地区经济发展提供重要机遇。广西、云南等与东盟国家相邻地区积极利用中国—东盟自贸区优惠政策，推动跨境产业链建设，激发当地经济活力；山东、江苏、广东等地也利用中韩自贸区打造中韩产业园，提升创新能力，促进产业升级。

二、中国与周边建设自贸区面临的新形势

当前，逆全球化和贸易保护主义沉渣泛起、WTO 改革受阻，威胁着现行国际多边贸易体制，中国周边各国纷纷转而发展区域经济合作，使得各类区域贸易安排纵横交错，国际经贸规则主导权的竞争也日趋激烈。同时，中国正在从经贸大国迈向经贸强国，国际政治经济影响力显著提升，国内改革和对外开放都进入了新的历史关口，在与周边国家和地区的自贸区建设中面临着一系列机遇与挑战。

（一）区域贸易协定众多，规则主导权竞争激烈

当前，全球范围内区域贸易协定纷繁林立、相互交织，形成“意大利面碗”现象。在周边地区，东盟与中国、日本、韩国、澳大利亚、新西兰与印度分别建立 5 个自贸区，目前正积极推进上述国家共同参与的 RCEP 谈判；日本不仅与东盟达成经济伙伴关系协定（EPA），还单独与新加坡、泰国、马来

西亚、文莱、印度尼西亚、菲律宾、越南分别达成EPA，与印度签署了全面经济伙伴关系协定（CEPA）、与欧盟达成EPA，并在美国退出跨太平洋伙伴关系协定（TPP）的情况下主导推动达成全面进步的跨太平洋伙伴关系协定（CPTPP）；韩国、印度等主要亚洲国家也都在积极商签自贸协定。而且各国有意识地在自贸协定谈判中反映本国的利益诉求，围绕国际经贸规则制定主动权和领导权的竞争日趋激烈。

（二）中美博弈竞争加剧，周边国家两边下注

自美国特朗普政府执政以来，中美两国关系起伏不断。为遏制中国，美国寻求与日本、韩国、泰国和菲律宾等亚洲盟友建立统一战线，而新加坡、马来西亚、印度、格鲁吉亚等国也与美国保持长期友好合作关系。尽管特朗普上台以来所推行的“美国优先”政策动摇了同盟体系的稳定，但这些国家仍然在政治上选择依靠美国。而美国不仅将中国视为当前最主要的战略竞争对手，未来一段时间内还可能对上述国家不断施压，迫使其在中美之间选边站队。而这些国家从经济角度考虑，并不愿与中国完全对立，很可能选择在中美间两边下注。一方面，与中国在自贸协定谈判、“一带一路”建设等领域维持友好合作关系；另一方面，继续享受美国提供的安全公共产品，在大方向上追随美国或至少保证不完全倒向中国。这些国家在立场上的左右摇摆，对于中国推进周边自贸协定谈判可能产生不利影响。

（三）贸易不平衡问题凸显，影响周边国家与中国自贸区建设积极性

经过改革开放40多年的发展，中国开放型经济已达到新水平，成为世界第一制造业大国和第一大出口国，与很多国家尤其是周边发展中国家的贸易呈现顺差态势。这些国家受自身经济体量和发展水平所限，通常存在国内产业基础薄弱、市场开放程度低、投资保障与便利化措施不完备、贸易结构单一、政权不稳定等问题。在与中国商建自贸区时，有可能更多关注贸易结构不平衡所带来的贸易逆差，或担忧市场开放后其国内产业无法与拥有巨大竞争优势的中国相抗衡等问题，无法从长远角度认识与中国建立自贸区所能享受到的更多福利，对自贸区建设的积极性不高。例如，印度与中国早在2007年就完成区域贸易安排联合可行性研究，但由于对华贸易逆差不断增加，印度担心建立双边自贸区后中国商品可能会对其国内市场造成冲击，因而始终没有启动谈判。

（四）周边国家优势提升，对华形成替代挤出效应

国际金融危机以来，新兴经济体和发展中国家成为世界经济增长的重要引擎，在世界经济格局中的地位普遍提升。中国周边的印度、印度尼西亚、孟加拉国、缅甸、越南、菲律宾等国的经济增长率近年来一直保持高位，国内产业发展迅速，市场潜力巨大。这些新兴市场国家与中国的产业结构同质性强，有的国家还与中国在地缘政治方面存在分歧与竞争。与此同时，中国经济发展已进入“新常态”阶段，国内面临人口红利消退导致劳动力成本增加、环保要求提高使得国内产业升级换代压力加大等问题。周边国家劳动力资源丰富的比较优势，可能会对中国吸引外资形成替代挤出效应，影响中国自贸区战略的进一步推进。

（五）国内产业转型压力升级，向周边转移需求增加

当前，中国已跃升为世界第二大经济体，国际政治经济影响力持续提升。但随着改革开放进程向高质量方向深化发展，国内产业结构不合理、企业国际竞争力较弱、技术发展水平相对落后、环境消耗大等问题日益凸显，一些劳动力密集型和资源消耗型产业面临日益严峻的转型升级压力。一方面，附加值较低的劳动密集型产业急需向周边国家和地区转移，以便继续提升自身在全球价值链中的地位；另一方面，随着能源资源约束矛盾突出，大量战略性资源依赖进口，因而，保障能源资源安全和稳定供给直接关系到中国的国家安全。这就需要通过对外经济合作，尤其是自贸区建设拓展外部发展空间，促进产业转移，保障资源能源安全。

三、中国与周边自贸区建设存在的主要问题

立足周边国家和地区、面向全球的自贸区建设是中国扩大对外开放的重要平台。虽然中国与周边国家和地区自贸区建设取得了显著成果，但在构建、商谈和实施过程中也存在若干问题，制约了自贸区战略的深入推进。

（一）针对周边的自贸区顶层设计有待完善

与发达国家相比，中国自贸区建设起步较晚，自贸区战略缺乏系统完整的规划体系。党的十七大报告首次将自贸区建设上升为国家战略，党的十八大报告提出要加快实施中国自贸区战略，十八届三中全会进一步细化为“以周边为基础加快实施自贸区战略，形成面向全球的高标准自贸区网络”。2015 年，国

务院发布《关于加快实施自由贸易区战略的若干意见》（简称《意见》），对中国自贸区建设做出了“顶层设计”，明确提出“加快构建周边自由贸易区，力争与所有毗邻国家和地区建立自由贸易区，不断深化经贸关系，构建合作共赢的周边大市场”。虽然《意见》提出以周边国家为中心的自贸区网络布局，但并未对周边国家根据政治、经济和社会情况进行分类，也未对周边自贸伙伴选择标准、建设布局等重要问题做出明确的规划和具体说明。

（二）与周边大体量经济体的自贸区建设有待加快

虽然中国与周边国家和地区的自贸区建设取得了一定成效，但尚未建立周边全覆盖的自贸区网络。从中国自贸伙伴的总体分布来看，虽然中国已完成17个自贸协定谈判，涵盖25个国家和地区，但与日韩等周边国家相比，自贸区“朋友圈”的涵盖面与重量级还有较大差距。从覆盖范围来看，中国仅与东盟、巴基斯坦和韩国建立了自贸区，而尚未与日本、印度、俄罗斯等周边经济体量较大的国家达成双边自贸协定，与日本、印度共同参与的RCEP仍在谈判之中。RCEP是中国迄今为止对外商谈覆盖地区最广、涉及贸易额最大的自贸区，但由于成员方发展水平差异较大，利益错综复杂，已经屡屡错过最后期限，至今尚未达成。

（三）周边自贸区的货物贸易自由化水平有待提升

从货物贸易自由化程度看，虽然中国对周边自贸伙伴的货物贸易自由化水平大多达到90%以上，但最终关税和立即削减至零的税目和贸易额比例与CPTPP、日欧EPA等自贸协定相比还有一定差距。以CPTPP为例，其成员最终零关税产品税目比例总体上达到95%，其中工业品自由化率接近100%。中国—东盟自贸协定中，中国实现零关税的税目和贸易额占比分别为94%和93%。中韩自贸协定中，中国最终零关税产品税目和贸易额占比分别达到91%和85%。其中，立即零关税的税目占比20%，10年内取消关税的税目和贸易额占比分别为71%和66%。而中巴自贸协定的自由化率更低，第二阶段议定书中，中巴两国间相互实施零关税产品的税目数比例将从此前的35%逐步增加至75%，对45%的税目在协定生效后立即取消关税，并对30%的税目分别在5年内（税目占比15%）和10年内（税目占比15%）逐步取消关税。

（四）周边自贸区的服务贸易和投资领域开放有待突破

在服务贸易领域，国际上高标准自贸协定多采取负面清单承诺模式，即仅列明不开放的部门及相关限制措施。而中国与周边国家的自贸协定仍采用正面清单模式，仅在中韩第二阶段谈判中，首次引入负面清单进行服务贸易谈判。在最惠国待遇方面，国际上高标准自贸协定通常设置全面和无例外的最惠国待遇，即某一成员未来所有的新开放措施，包括在未来其他自贸协定中的承诺，均必须对其他成员无条件开放，而中国与周边国家已签署自贸协定中的最惠国待遇条款，均与WTO《服务贸易总协定》（GATS）规定一致，即适用最惠国待遇的开放措施不包括未来其他自贸协定中的承诺。在国民待遇方面，国际上高标准自贸协定大多以负面清单模式规定高水平的国民待遇，除少数例外部门，均对在当地经营的外国服务提供者给予完全的国民待遇。而目前中国与周边国家已签署的自贸协定仅就正面清单中做出承诺的部门给予自贸伙伴国民待遇。

在投资领域，国际高标准自贸协定均采用准入前国民待遇加负面清单的谈判模式，而中国已签署的自贸协定在投资领域多数采用正面清单模式，仅在中韩第二阶段谈判和RCEP谈判中采用负面清单模式。在国民待遇方面，投资准入自由化已成为国际经贸规则发展的大趋势，不仅是欧美等发达经济体，许多发展中国家也承诺对外资实行准入前国民待遇。例如，东盟与日本、韩国、澳大利亚、新西兰以及印度签署的自贸协定均给予外资准入前国民待遇。但中国目前对外签署的自贸协定大多仅承诺外资准入后国民待遇。在开放领域方面，CPTPP等高标准自贸协定大部分领域均实现了较高水平的开放，仅保留少量对外资的限制，而中国在金融、电信、医疗、交通运输等领域的投资准入条件还有待进一步放宽。

（五）与周边自贸伙伴的谈判议题有待拓宽

近年来，国际高标准自贸协定的谈判范围呈现“宽领域”的特点，不仅包括货物、服务和投资等传统市场准入议题，还将监管一致性、知识产权、竞争等“边境后措施”，以及电子商务、环境、劳工等“21世纪议题”纳入谈判之中，国际贸易规则面临新一轮重构。从中国与周边国家签署的自贸协定来看，2015年以前，中国商签的自贸协定基本不涉及新议题，大多仅作概括性和原则性规定，不适用争端解决机制。2015年签署的中韩自贸协定首次就金融服务、电信、电子商务设立了独立章节，但重大突破不多。2019年4月达成的中巴自贸协定第二阶段议定书主要围绕货物贸易降税和海关合作问题，仅在投资方面作出了原则性承诺，不涉及任何其他国际新规则。总体而言，中国与周边国家签署的自贸协定中关于知识产权、环境、竞争、电子商务等规则议题大多仍是在WTO规则基础上略有细化和提升，对政府采购和劳工等领域则较少提及，且内容宽泛，开放程度与国际高标准经贸规则还存在一定差距。

四、推进周边自贸区建设的政策建议

国家和地区是中国对外经贸合作以及自贸区战略的重要立足点。在当前中美贸易摩擦愈演愈烈的情况下，更要重视周边国家和地区在中国对外经济格局中的作用，应积极谋划，主动布局，利用自贸区平台密切中国与周边的经济联系，促进产业转移与产业链重构，探索构建环中国经济圈。

（一）对周边地区分类施策，开展灵活多样的自贸区建设

对蒙古国等发展中国家分步推进，建设包容共享的自贸区。发展中国家是亚洲的主体，也是中国周边自贸区网络布局的重要基础。与发展中国家尤其是中小发展中国家开展自贸区建设，应注重灵活性和包容性，从双方实际需求出发，选择共同感兴趣的领域，采取更加灵活多样的方式开展合作，不拘泥于现有自贸区形式，探索新机制、新路径，分阶段推进自由化和一体化。例如，对于经济发展水平较高的东盟国家，可在进一步落实升级议定书的基础上，加强电子商务、竞争政策等新议题的磋商与合作；对于孟加拉国、尼泊尔等最不发达国家，可适当在自由化率、过渡期等方面给予单方面优惠，并分步推进自贸区建设，第一阶段完成后根据评估结果启动下一阶段建设。

对印度、俄罗斯等新兴市场国家多途并进，建设互惠互利的自贸区。新兴市场国家经济增长速度快、市场潜力大，是中国企业重要的目标市场与投资目的地，但同时也存在关税和非关税壁垒较高、与中国产业结构相似等问题，因而可采用多途并进方式，在不同的平台和框架下开展自贸区建设。其中，印度由于对华贸易存在巨额逆差，不愿与中国开展双边自贸区建设，应加快推进中印在区域优惠贸易协定——《亚太自贸协定》中的合作，并积极推动双方在RCEP框架下的磋商与协调；俄罗斯希望加强独联体地区的经济一体化，主导建立了欧亚经济联盟，应在落实《中国与欧亚经济联盟经贸合作协定》的基础上，尽快启动中俄欧亚经济伙伴关系协定谈判。

对日本、以色列等发达国家坚持底线，建设利益平衡的高水平自贸区。发达国家是中国传统经贸伙伴，也是国际经贸规则的主要制定者。亚洲发达国家数量不多，只有日本、新加坡、以色列和韩国，均在中国自贸区网络之内。与这些发达国家开展自贸区建设虽然在自由化水平和规则领域面临较大压力，但对于中国提升开放水平、引领国际经贸规则制定、构建开放型经济新体制具有重要意义。因而，应在坚持安全底线的前提下，综合考量经济效益与改革成本，积极对标国际高标准，提升自身开放水平，争取实现基本对等开放，建立

利益大体平衡的高水平自贸区。

（二）丰富自贸协定内涵，推动形成于我有利的规则体系

一方面，应主动对接国际规则，提高自贸协定标准。对于知识产权、环境保护、透明度、反腐败等符合中国长期发展方向的规则，应主动与国际接轨，加强执法力度，并提高公众参与度；对于国有企业、竞争政策、电子商务、劳工标准等新议题，应在完善国内法律法规的基础上，接受符合中国改革方向的部分内容，并提出于我有利的补充条款，避免这些新议题成为发达国家抑制中国发展的工具。另一方面，应将更多发展议题纳入自贸协定。作为世界上最大的发展中国家，在周边自贸区建设中，应积极发挥引领者作用，结合各成员方需求与潜力，研究符合发展中国家利益的各项标准。探讨将发展援助、基础设施建设、全球价值链、产业合作等更多发展议题纳入其中，丰富自贸协定内涵，增强自贸区对周边发展中国家的吸引力，并争取在国际经贸规则制定中获得更多话语权。

（三）发挥双边与区域性谈判优势，扩大周边自贸区“朋友圈”

一方面，双边与区域性自贸区相结合。对于与中国政治关系较好、经贸合作意愿较强或战略意义较突出的国家，应积极推动双边自贸区建设，既可节约协调成本，也可有针对性地提供一些优惠，例如巴基斯坦、尼泊尔、蒙古国等。而对于与中国建立双边自贸区有顾虑的国家，则可考虑以区域性自贸区为平台，利用利益博弈与相互制衡，达到与其达成自贸协定的目的，例如印度、日本等。另一方面，主动谋划加入 CPTPP 方案。CPTPP 是目前亚太地区已经生效的涵盖范围最广、标准最高的自贸协定，对于亚太自贸区（FTAAP）建设以及国际经贸规则制定均将产生十分重要的影响。因而，应积极开展对 CPTPP 的全面研究与分析，提早谋划加入方案，化被动为主动，破除发达国家对中国在经贸规则上的封锁和压制。应充分分析中国加入 CPTPP 的门槛，探寻可行的对接路径。例如，在货物贸易自由化方面，需要提前制定 97%以上的出价清单；对于劳工、国有企业、知识产权、电子商务等与中国现行法律法规存在差异的核心条款，也需要在确保政治制度与国家安全的前提下制定调整方案。

（四）加强自贸区与“一带一路”倡议的结合，推动周边产业链布局

应依托“一带一路”倡议整合各领域资源，进一步推动与周边国家的自贸

区建设。一是要利用“一带一路”倡议的政策沟通平台，营造良好的政治外交环境，通过与周边国家进行发展战略对接，寻求利益契合点，灵活设置自贸协定议题，增强周边国家与中国开展自贸区建设的意愿；二是要依托“一带一路”倡议互联互通项目，提升与周边国家的基础设施“硬联通”以及规则标准“软联通”水平，为推动自贸区建设提供有利的软硬件条件；三是要利用“一带一路”倡议人文交流平台，促进与周边国家民间交往，增进相互理解与信任，在当地民众中树立良好的中国形象，为自贸区建设奠定民心基础。

应利用自贸协定推动劳动力密集型产业向周边转移。中国周边地区以发展中国家居多，很多国家劳动力成本较低，发展潜力较好，适宜开展投资合作，如越南、印度、孟加拉国等。在自贸协定谈判中，一方面，应提高投资自由化水平，以负面清单模式开放投资领域，降低准入门槛，为中国企业对外投资提供更多机会；另一方面，应加强投资者保护，进一步扩大国民待遇和最惠国待遇范围，完善投资代位、征收、补偿和转移等投资保护的实体性条款，加强投资保护力度，保护中国投资企业合法权益。此外，还应进一步加强知识产权保护与执法，保障中国投资企业技术安全。对于无法以自贸协定形式达成上述目的的国家，可考虑通过升级投资保护协定保护中国企业对外投资利益。

RCEP建立对中国及相关国家农业的影响

一、引言

20世纪90年代后期，随着全球和区域经济自由化带来的竞争日益激烈，东盟国家充分认识到加强区域经济合作的重要性和紧迫性，决定启动新的区域合作机制。在此背景下，东盟与中国的“10＋1”合作机制应运而生。双方以经济合作为重点，逐渐向政治、安全、文化等领域拓展。此后，日本、韩国也加入进来，东盟与东亚国家的合作机制由“10＋1”拓展为“10＋3”。2005年，东盟与中国、日本、韩国、澳大利亚、新西兰、印度举行首届东亚峰会，在“10＋3”的基础上确定了新的“10＋6”合作机制。亚太区域经济合作呈现出“多框架并存、竞争性合作”的特点，多种合作机制交叉重叠，逐渐产生了“意大利面碗”效应。

为了整合已有合作机制，在此基础上进一步完善，2012年11月，东盟与中国、日本、韩国、澳大利亚、新西兰和印度共同发布了《启动〈区域全面经济伙伴关系协定〉RCEP的联合声明》，开启了这一覆盖16个国家的自由贸易区建设进程。截至2019年11月，RCEP已举行了3次领导人会议、19次部长级会议和28轮正式谈判，除印度之外的15个成员国已经结束了全部20个章节的文本谈判，以及实质上所有的市场准入谈判。2018年，RCEP15个成员国人口总量达到22.5亿，GDP规模达到24.8万亿美元，货物贸易规模达到10.7万亿美元，这些指标基本都占世界总量的30%左右[①]。RCEP建成之后，将成为世界上最大的自由贸易区，这对强化中国在区域经济合作中的地位、维护全球贸易自由化和便利化具有重要意义。

货物贸易是RCEP谈判的重点和难点领域之一。梳理各成员国第三轮出价清单中的关税减让表可以发现，RCEP各成员国的货物贸易自由化水平差异较大，平均为88.89%；其中新加坡自由化水平最高，取消了所有商品的进口关税。中国对86.49%的商品取消了关税，对1.01%的商品不完全取消关税，

① 数据来源：世界银行。

对 12.49%的商品不做降税处理。不同的自由化水平对各国造成的影响不尽相同，需要定量评估 RCEP 建立对各国宏观经济和产业部门的潜在影响。

本研究基于 RCEP15 个成员国关税减让表，通过设计基准方案和政策模拟方案，运用美国普渡大学开发的一般均衡模型——GTAP 模型及第九版数据库来模拟分析 RCEP 建成的潜在影响。

二、模型简介

GTAP 模型及第九版数据库均由美国普渡大学开发，根据新古典经济理论，假设市场完全竞争、生产的规模报酬不变、生产者最小化生产成本、消费者最大化效用、产品要素市场全部出清等。该模型为每个国家或地区建立一个可描述生产、消费、政府支出、贸易等行为的子模型，并且加入了两个国际部门：国际银行用来汇总和分配各国之间的资金；国际运输部门用来平衡离岸价格和到岸价格之间的差额。通过两个国际部门加入国际贸易的商品和资金流动，从而将各子模型连结成一个多国多部门的一般均衡模型。GTAP 模型被广泛应用于贸易、能源、气候变化、农业等政策模拟上，取得了显著成就。

GTAP 第九版数据库包含 2011 年 140 个国家（地区）、57 个产业部门的相关数据。基于本文研究目的，对国家（地区）和产业部门进行分组，最终将 140 个国家（地区）归类为 RCEP 成员国、美国、欧盟和世界其他地区等 23 个国家（地区）①。将各国减让表中所有 HS8 位或 HS10 位编码产品的关税归类为 HS6 位编码产品的关税，然后根据 HS 编码和 GTAP 模型中 57 个产业部门的对应关系，将 HS6 位编码产品归类到各个产业中，最终将 57 个产业部门重新归类成 26 个产业部门，包括 17 个农业产业部门和 8 个工业产业部门及 1 个服务业部门。

基准方案：采用动态递推方法，根据人口、熟练劳动力、非熟练劳动力、资本存量和 GDP 等变量 2011—2028 年的预测数据，通过计算同比增长率对每个外生变量进行冲击，从而将基准数据库升级到 2028 年。另外，根据中国—东盟自贸协定、中国—新西兰自贸协定、中国—澳大利亚自贸协定和中国—韩国自贸协定调整中国与相关国家（地区）的双边关税。

政策模拟方案：根据 RCEP15 个成员国（印度除外）第三轮出价清单中的关税减让表相互削减关税，模拟 RCEP 生效 10 年后（即 2028 年）的效果。

① GTAP 数据库中不包括缅甸。

三、相关国家利益得失分析

总体来说，RCEP 建立将对成员国宏观经济整体产生积极影响，而美国、欧盟等其他非成员国家（地区）宏观经济将受到不同程度的负面影响。

RCEP 成员国中，越南和泰国的 GDP 增幅相对较大，韩国和日本等国的 GDP 增幅相对较小，菲律宾和澳大利亚的 GDP 有所下降。越南、泰国、印度尼西亚和菲律宾的总进口有明显增长，菲律宾的总出口有较大改善。越南和泰国的居民收入增幅较大，而日本、澳大利亚、老挝、菲律宾以及柬埔寨的居民收入有所减少。中国、越南和泰国的社会福利有较大幅度增长。对于美国和欧盟等域外国家（地区），GDP、总进口和居民收入、社会福利将有所下降。

RCEP 生效 10 年后，中国 GDP 将年增长 0.01%（16.28 亿美元），总进出口将分别增加 0.368%（112.76 亿美元）和 0.149%（51.02 亿美元），居民收入和社会福利将分别增加 0.068%和 93.44 亿美元。

（一）将获得较大利益的国家

1. 越南

RCEP 的实施将推动越南的经济腾飞，未来在越南北部会形成一个类似深圳的工业区。越南将会出现经济转型和结构调整，从农业为主的国家向工业化迈进。其资源将会从第一产业向第二产业（特别是矿产品、纺织服装皮革部门）转移，劳动力成本会上升。越南的 GDP 将会提高 0.459%，总进口增长 3.614%，总出口减少 4.992%，居民收入增长 2.073%，社会福利增加 44.03 亿美元，并由此带来一系列经济、社会和环境影响。

RCEP 生效 10 年后，越南农业部门进口将增加 3.039%（8.10 亿美元），而出口将减少 5.806%（10.77 亿美元）。进口扩大主要是由于其他食品、蔬菜水果、油脂油料和饮料烟草等部门；而稻米、其他食品和其他作物部门的出口降幅较大。中国的低档大米进口将从越南转向柬埔寨等国家。

蔬菜水果在越南农产品对外贸易中占有重要地位。RCEP 生效 10 年后，越南蔬菜水果总进口将增长 3.850%（1.14 亿美元），主要是对中国温带水果和蔬菜有 5.699%（0.59 亿美元）的进口增长潜力。

RCEP 生效 10 年后，越南稻米出口将减少 9.430%（4.81 亿美元），而进口增加 8.951%（623 万美元），从中国进口增加 8.378%（226 万美元）。这表明随着 RCEP 的实施，越南将面临产业结构调整，包括投资在内的生产要素由稻米部门转向纺织服装和矿产品等其他优势部门。

2. 泰国

泰国在东南亚国家里经济发展水平较高，劳动力成本也较高。RCEP 的实施将使泰国获得较大得益，有利于泰国资源的优化配置和产业的加速调整，农业资源将进一步向其他（加工）食品和蔬菜水果等产业集中，工业资源将进一步向运输设备和其他机械设备等产业集中。泰国的 GDP 将会提高 0.304%，总进口和总出口将分别增长 3.253%和 0.139%，居民收入增长 0.973%，社会福利增加 26.75 亿美元，从而使泰国在加深区域合作的同时推动国内经济发展。

RCEP 生效 10 年后，泰国农业部门进口将增长 2.412%（4.86 亿美元），出口将减少 0.090%（0.44 亿美元）。进口扩大主要源于蔬菜水果和其他食品部门，分别增长 8.859%（1.83 亿美元）和 3.552%（2.35 亿美元）；出口减少主要由于糖料、肉类和稻米部门出口减少，而蔬菜水果出口仍有 0.419%（0.26 亿美元）的增长空间。

（二）将获得较小利益的国家

1. 韩国

RCEP 实施将对韩国经济整体上产生正面影响，但影响程度不算很大，其 GDP 将增长 0.013%，总进口和总出口将分别增长 0.764%和 0.476%，居民收入增长 0.027%，社会福利增加 3.59 亿美元。

RCEP 生效 10 年后，韩国农业部门进口和出口将分别增长 0.414%（2.74 亿美元）和 2.246%（1.97 亿美元）。出口扩大主要得益于其他食品、饮料烟草和油脂油料等部门，这些都是韩国出口较多的农业部门，在 RCEP 生效 10 年后仍分别有 2.877%（1.28 亿美元）、0.867%（0.14 亿美元）和 7.454%（0.13 亿美元）的增长潜力，说明韩国的加工食品具有较大的优势。而韩国的饮料烟草部门对菲律宾和越南的出口规模将有明显扩大。韩国农业进口扩大主要源于肉类、其他谷物、其他食品、油脂油料（如大豆和棕榈油等）、植物纤维、其他动物产品等部门，基本涵盖了韩国主要进口的农产品种类。

2. 日本

RCEP 的实施对日本也有正面的影响，但影响比较小，GDP 仅增长 0.001%，总进口和总出口分别增长 0.138%和 0.598%，而居民收入和社会福利将分别减少 0.009%和 5.58 亿美元。日本与中国等 RCEP 成员国在石油化学产品、其他机械设备和金属非金属等部门的贸易联系将更加紧密，同时电子设备也将受到中国的进口冲击。

RCEP 生效 10 年后，日本农业部门进口和出口将分别增长 0.118%

（1.28 亿美元）和 1.906%（1.57 亿美元）。出口扩大主要得益于其他食品、蔬菜水果、渔业和其他动物产品等部门，进口扩大主要源于其他食品、蔬菜水果和油脂油料等部门。

渔业和其他食品部门是日本农业主要进口和出口部门。对于日本渔业而言，RCEP 将带来 0.929%（0.12 亿美元）的出口增长空间。出口市场将由美国和欧盟等域外国家（地区）向菲律宾和韩国等 RCEP 成员国转移，尤其是对菲律宾出口将增长 15.520%（0.08 亿美元），对中国也有 0.560%的出口增长潜力。RCEP 生效 10 年将使日本其他食品部门进口和出口分别增长 0.242%（0.90 亿美元）和 3.136%（1.07 亿美元），表明 RCEP 生效 10 年后，日本的食品加工业将进一步发展。分市场来看，日本将减少对美国和欧盟等域外国家（地区）进出口，部分市场份额转移到泰国、越南和中国等 RCEP 成员国。

RCEP 生效 10 年后，日本蔬菜水果部门进口和出口将分别增长 0.284%（0.17 亿美元）和 5.170%（0.19 亿美元）。其中，对泰国蔬菜水果（高档产品）出口将增长 35.146%（0.18 亿美元），对菲律宾和澳大利亚蔬菜水果（中低档产品）进口将分别增长 3.316%（0.16 亿美元）和 4.871%（0.03 亿美元）。日本也将会对中国出口高档水果，并从中国进口大量水果蔬菜。

（三）将受进口冲击的国家

1. 菲律宾

模拟结果显示，RCEP 的实施会对菲律宾带来负面影响，由于其工业基础薄弱，企业竞争力不强，会受到进口产品的冲击，RCEP 的实施会造成进口大幅度上升，对其国内产业形成冲击，导致 GDP 下降。RCEP 生效 10 年后，菲律宾 GDP 将减少 0.072%，这主要是因为进口增量超过出口，净进口增加；由于产业基础相对薄弱，国际竞争力相对较低，进口冲击对国内产品形成明显替代，总的消费水平基本不变，尽管投资有 1.341%（12.60 亿美元）增长，但依然无法弥补净出口减少的损失，导致 GDP 相对基期有所下降，居民收入和社会福利也将分别减少 0.231%和 9.12 亿美元。这意味着未来菲律宾也需进行产业结构调整，利用 RCEP 开放服务贸易的契机来大力发展旅游业。部门层面上，其他机械设备、矿产品、纺织服装皮革等工业部门以及肉类和其他食品等农业部门受到的进口冲击比较明显，净出口额大幅减少。

RCEP 生效 10 年后，菲律宾农业部门进口和出口将分别增长 1.588%（3.56 亿美元）和 2.673%（1.44 亿美元）。出口扩大主要得益于其他食品、奶类、油脂油料和蔬菜水果部门，而其他食品和肉类等部门进口增长比较显著。

RCEP生效10年后菲律宾蔬菜水果进口和出口将分别增长2.566%(0.32亿美元)和0.268%(0.05亿美元),蔬菜水果(如香蕉、椰子、菠萝等)对日本出口增长3.316%(0.16亿美元),同时蔬菜水果(如苹果和梨等)对中国进口增长4.802%(0.26亿美元),说明菲律宾将会增加对中国蔬菜和水果的进口。

RCEP生效10年将为菲律宾肉类部门带来3.241%(1.20亿美元)的进口增长,增长主要来源于新西兰和澳大利亚,分别有87.048%(1.54亿美元)和104.451%(0.39亿美元)的进口增长空间。与之相反,菲律宾将减少欧盟和美国等域外国家(地区)的肉类进口。

2. 澳大利亚

RCEP生效10年后会对澳大利亚的国内生产造成冲击,GDP相对基期将减少0.015%,进口和出口将分别增长0.008%和0.714%,而居民收入和社会福利将分别减少0.106%和30.56亿美元。生产资源将进一步向小麦和羊毛蚕丝等农业优势部门以及矿产品等工业优势部门集中;而家具等其他制造业、纺织服装皮革等部门将受到中国等RCEP成员国的进口冲击。

RCEP生效10年后,澳大利亚农业部门进口将减少0.425%(1.63亿美元),出口将增长3.698%(9.75亿美元)。农业出口扩大主要得益于小麦、羊毛蚕丝和肉类等部门,出口分别增长6.360%(2.65亿美元)、3.982%(1.24亿美元)和10.698%(0.91亿美元)。除了油脂油料和其他食品部门进口分别增长0.125%(243万美元)和0.191%(0.37亿美元),澳大利亚其他农业部门进口均有不同程度的减少。

对于其他食品部门,RCEP生效10年后澳大利亚将进一步加大对新西兰、泰国和中国等RCEP成员国的进口,分别有5.604%(1.29亿美元)、6.538%(1.18亿美元)和2.824%(0.43亿美元)的进口增长空间。

(四)未签署协议的国家

印度是区域内未能签署RCEP的唯一国家,放弃RCEP将使印度宏观经济受损。RCEP生效10年后,印度GDP将减少0.013%,贸易转移效应也将使印度总进口和总出口分别减少0.117%和0.017%,居民收入将减少0.024%,社会福利将减少6.77亿美元。印度石油化学产品和其他机械设备等制品部分出口份额将被RCEP成员国替代,而矿产品、金属和非金属等资源性产品进口也将减少。

RCEP生效10年后,印度农业部门进口将减少0.406%(2.36亿美元),

出口将增长 0.064%（0.24 亿美元）。进口方面，油脂油料、其他作物和林业进口减少较为明显；而出口增加主要得益于稻米部门，但其他食品、油脂油料、蔬菜水果等其他农业部门出口均有不同程度的减少。

油脂油料是印度主要的农业进出口部门之一，RCEP 生效 10 年后进口和出口将分别减少 0.644%（1.82 亿美元）和 0.245%（0.12 亿美元）。印度出口的油脂油料以花生、芝麻和蓖麻油为主，RCEP 生效 10 年后对日本、泰国和马来西亚出口将分别减少 2.295%（0.10 亿美元）、6.133%（0.08 亿美元）和 4.143%（0.06 亿美元）。印度进口的油脂油料以棕榈油和豆油为主，印度尼西亚是其主要进口来源地之一。RCEP 生效 10 年后，印度尼西亚将增加油脂油料对其他 RCEP 成员国的出口，减少对印度出口，导致印度对印度尼西亚油脂油料进口减少 1.380%（1.26 亿美元）。

（五）域外国家

作为域外国家的美国，RCEP 的实施将使其利益受损，由于贸易转移效应，美国在东南亚的市场份额会减少。模拟结果表明，RCEP 生效 10 年后，美国 GDP 将减少 0.003%、总进口将减少 0.291%，GDP 受损也将使美国居民收入减少 0.031%，消费水平下降；减少进口虽然刺激了国内生产，总出口也增长了 0.208%，但纺织服装皮革、运输设备和电子设备等部门进口减少也将使美国消费者遭受较大损失，社会福利将减少 51.48 亿美元。

RCEP 生效 10 年后，美国农业部门进口将减少 0.206%（3.49 亿美元），出口将增长 0.124%（2.90 亿美元）。其中，美国其他食品、肉类、蔬菜水果和饮料烟草等部门进口有不同程度减少；小麦和其他食品部门出口将因 RCEP 生效而受损。

小麦是美国主要的农业出口部门之一。RCEP 生效 10 年后，美国小麦出口将减少 0.310%（0.74 亿美元），其中对印度尼西亚、越南和韩国出口将分别减少 8.890%（0.86 亿美元）、12.437%（0.37 亿美元）和 2.246%（0.22 亿美元），这些国家将加大澳大利亚小麦的进口力度，以此来替代美国小麦。

RCEP 生效 10 年后，美国其他食品部门进口和出口将分别减少 0.320%（1.87 亿美元）和 0.130%（0.50 亿美元）。其中，美国其他食品对泰国、澳大利亚和菲律宾出口将分别减少 8.084%（0.60 亿美元）、2.739%（0.48 亿美元）和 5.123%（0.26 亿美元），这些国家将增加对中国、马来西亚和新西兰等 RCEP 成员国的进口。美国其他食品部门对越南和中国进口将分别减少 8.976%（0.78 亿美元）和 1.162%（0.45 亿美元），中国对美国的出口将部分转移到越南等 RCEP 成员国。

四、对中国农业部门的潜在影响

RCEP 生效 10 年后，中国农业进口和出口将分别增长 0.461%（11.05 亿美元）和 0.714%（4.81 亿美元）；出口扩大主要得益于其他食品和蔬菜水果等部门；除了稻米部门，其他主要农业部门进口均有不同程度的增长。

（一）对稻米产业的影响

RCEP 生效 10 年后，中国稻米部门进口将减少 2.586%（0.47 亿美元），出口将增长 0.242%（188 万美元）。出口增长潜力主要来源于越南，RCEP 生效 10 年后中国稻米对越南出口将增长 8.378%（226 万美元），对印度尼西亚和菲律宾出口也分别有 4.962%（74 万美元）和 5.646%（37 万美元）的增长空间，说明中国具有向越南等东南亚国家出口粳稻的潜力。

（二）对蔬菜水果产业的影响

RCEP 生效 10 年后，中国蔬菜水果部门进口和出口将分别增长 0.997%（1.39 亿美元）和 0.675%（0.74 亿美元）。其中，蔬菜水果（苹果、梨等温带水果）对越南和印度尼西亚等东盟国家出口将分别增长 5.699%（0.59 亿美元）和 1.722%（0.30 亿美元）；对越南蔬菜水果进口将增长 9.824%（1.77 亿美元），进口增加的主要是榴梿、杧果、龙眼等热带水果及蔬菜，以满足国内市场需求。

（三）对林业部门的影响

RCEP 生效 10 年后，中国林业部门进口和出口将分别增长 0.564%（1.43 亿美元）和 6.009%（0.19 亿美元）。其中，进口增长主要来源于澳大利亚和越南，RCEP 生效 10 年后将分别增长 3.472%（0.18 亿美元）和 9.100%（0.10 亿美元）；而出口主要是对日本有 12.057%（0.20 亿美元）增长空间。

（四）对其他食品部门的影响

RCEP 生效 10 年后，中国其他食品部门进口和出口将分别增长 0.493%（1.32 亿美元）和 1.118%（4.10 亿美元）。其中，其他（加工）食品对越南和泰国出口将分别增长 16.550%（1.61 亿美元）和 21.644%（1.31 亿美元），对美国、欧盟和其他国家（地区）出口将分别减少 1.162%（0.45 亿美元）、

1.178%（0.26 亿美元）和 1.174%（0.57 亿美元）。RCEP 生效 10 年将使中国其他食品出口市场从美国和欧盟等域外国家（地区）部分转移到泰国等 RCEP 国家。

五、结论及建议

（一）主要结论

本研究采用 GTAP 模型分析了 RCEP 建立对相关国家的经济影响，结果表明：RCEP 建立将对绝大多数成员国宏观经济产生正向影响；越南和泰国的得益相对较大，韩国和日本的得益相对较小，菲律宾和澳大利亚 GDP 将受到进口的冲击。总体看，由于贸易转移效应，RCEP 生效 10 年后美国、欧盟和世界其他国家（地区）在中国主要产业部门进出口中的市场占有率将下降，中国同 RCEP 其他成员国的贸易联系将更加紧密。

RCEP 建立 10 年后，区域内成员国的 GDP 总量将增长 26.22%，达到 31.31 万亿美元，形成一个巨型区域贸易自由化市场（经济规模超过 CPTPP），区域内贸易总额将增长 45.95%，达到 15.63 万亿美元；中国与澳大利亚和新西兰之间的贸易额将增长 89.01%，达到 3 204 亿美元；中国与日韩农产品贸易额也将翻一番（增长 101.60%），达到 366 亿美元。

除了带动货物贸易增长，RCEP 还将帮助越南和泰国等成员国吸引更多的外国直接投资，促进成员国国内生产水平、管理经验及其他要素发展，从而进一步提升东亚新兴经济体的发展潜力。因此，RCEP 建立后对区域内成员国及区域外国家的经济发展、产业结构调整、市场贸易流向都将产生重大影响。

对中国而言，RCEP 可以通过推进贸易投资自由化和便利化水平来改善中国的贸易和投资环境，中国的“一带一路”倡议也需要通过区域贸易自由化市场来落实与深化。在当前贸易保护主义持续抬头和中美贸易摩擦的背景下，RCEP 将对提高中国维护经济全球化和贸易自由化、加强国际合作的能力和影响力，对于改变世界经济的贸易形势、地缘政治经济格局产生深远的影响。

（二）相关对策建议

1. 政府应因势利导，引导中国企业对外转移

RCEP 的实施将不可避免地带来产业结构调整，部分企业有可能会到越南等东南亚去投资办厂，尽管越南的投资环境较好，但是越南创新能力较低，主要依靠廉价劳动力在低端制造业上扩张，它不像中国那样能够不断地进行技术创新；所以中国企业在向越南转移时，可以把生产线转移过去，但不要把设计、研发、新材料制造等核心部门转移过去，通过控制关键环节将产业链掌握在中国企业手中。

2. 从反面劝说印度加入 RCEP

印度不想加入 RCEP 主要有两方面因素。一是莫迪担心印度产业会受到中国和澳大利亚的冲击，二是来自美国政府的影响。莫迪要考虑地缘政治因素，他想向美国靠拢，不想得罪美国，而美国是反对建立 RCEP 的。建议中国联合日本从不加入 RCEP 的负面作用来游说印度，也许会起到意想不到的效果。

从模拟印度加入 RCEP 的方案看，发现加入 RCEP 对印度的经济增长有推动作用，印度的 GDP 将增长，进出口规模也都会扩大。其油料作物、肉制品、大米、其他食品、矿产品、石油化学产品、其他机械设备有出口潜力。印度有一定的创新能力，加入 RCEP 有助于提高印度的办事效率，有助于倒逼企业提高产品竞争力。印度需要通过开放的市场引进新产品和新技术，通过引进竞争机制来提高本国的产品质量和服务水平，提高效率。另外印度的旅游业和影视产业的发展空间也很大。

从模拟印度不加入 RCEP 的方案看，发现其 GDP 将减少 0.013%、出口减少 0.017%、居民收入减少 0.024%、社会福利减少 6.77 亿美元。印度在东亚和东南亚地区的地缘政治经济影响会显著降低，贸易受到排斥，经济发展受到影响，损失比加入 RCEP 要大得多。

CPTPP 对中国农业的影响分析

一、CPTPP 的基本特征

《全面与进步跨太平洋伙伴关系协定》(Comprehensive Progressive Trans-Pacific Partnership，CPTPP) 源自 2016 年 2 月签署的《跨太平洋伙伴关系协定》(Trans-Pacific Partnership Agreement，TPP)。2017 年 1 月美国退出 TPP 后，日本主导推动 11 国修改协定，将 TPP 更名为 CPTPP，并于 2018 年 3 月 8 日在智利签署新协定，12 月 30 日正式生效。CPTPP 具有以下三个主要特征：

(1) 覆盖范围广。CPTPP 涵盖日本、澳大利亚、加拿大、新加坡、文莱、马来西亚、越南、新西兰、智利、墨西哥和秘鲁共 11 个国家。目前，11 国 GDP 合计约为 10.2 万亿美元，占全球 GDP 的 13.5%；人口约为 4.95 亿，占全球总人口的 6.8%；贸易总额 4.8 万亿美元，约占全球贸易额的 15.3%。

(2) 自由化水平高。总体来看，CPTPP 是一份高水平、高标准的自由贸易协定，保留了原 TPP 协定的核心规则框架体系，并将其与协定的争端解决机制挂钩，使其能够拥有对成员遵守规则的约束力；市场准入方面，实现了接近 100%的货物贸易自由化水平。就农产品而言，基本实现了 90%以上零关税的目标，但允许成员国对谈判中争议较大的乳制品、牛肉、糖和大米等敏感农产品设立关税配额和保障措施，部分抵消了贸易自由化程度。具体来说，CPTPP 地区农产品关税减让基于 2010 年 1 月 1 日各国实施的最惠国税率，2010 年澳大利亚、文莱、智利、新西兰、秘鲁、新加坡农产品关税相对较低，最惠国税率分别是 1.4%、0.1%、6.0%、1.45%、6.3%、0.2%；加拿大、日本、马来西亚、墨西哥和越南农产品关税相对较高，最惠国税率分别达到 11.3%、17.3%、10.8%、21.5%和 17.0%。因此，上述 5 国的农产品开放任务相对艰巨。

(3) 涉及领域广。CPTPP 涵盖的范围较广，除了传统的货物贸易、服务贸易、投资等领域，还加入了有关环保、劳工标准、国有企业、反腐败等新议题。CPTPP 保留了原 TPP 环境、国有企业、劳工等核心领域的超过 95%的项目，仅搁置 29 项条款，其中 13 项与知识产权有关。与此同时，CPTPP 采用了负面清单模式开放服务业，在外国直接投资方面将准入前后国民待遇问题写进协议，实现了对外资实行全面国民待遇的目标；率先制定了关于电子商务的规则，要求成员国政府允许信息和数据“全面”跨境自由流动。上述标准明显高于现有自由贸易协定。

二、CPTPP 中中国主要贸易伙伴农产品降税情况

CPTPP11 个成员国中，中国与日本、澳大利亚、新西兰以及东盟国家的农产品贸易往来密切，但由于澳大利亚、新西兰、新加坡等国的农产品降税空间有限且已与中国签署自贸协定，因此，本文重点选取日本、加拿大、马来西亚和越南 4 个国家，分析其在 CPTPP 中的农产品降税情况。

（一）日本农产品降税情况

日本农产品减让模式较为复杂。按大类分，可以分成 13 种，但按小类则可以分成 62 种。例如，“6 年降税至零”模式中就包括 6 年间均等取消、第一年取消 X%维持若干年后再均等取消等模式。本文将日本农产品降税大致分为短过渡期降税至零（10 年之内）、长过渡期降税至零（10 年以上）、部分取消关税、关税配额管理（TRQ）、特殊保障措施、限定最高加价（设定此类货物最低售价所需支付金额的最高加价）和例外处理。

（1）10 年内降税至零的农产品占 63.5%。其中立即取消关税的占 47.2%，主要产品有：牛羊马等活动物、水产品、野生猪肉、羊肉、鸭肉、番茄、蒜、西瓜、桃子、草莓、咖啡、柠檬汁、即冲咖啡、烟草等。

（2）10 年以上较长过渡期降税至零的农产品占 16.3%，主要产品有：鸡肉、牛杂碎、食用牛肉、奶酪、埃及豆、菜豆、苹果、菠萝、面包、果蔬汁、咖啡及茶制品、番茄调味汁、番茄酱、清酒等。

（3）部分取消关税的农产品占 4.3%。具体产品有：牛肉（由 38.5%削减至 9.0%）、猪肉（削减 80%）、牛奶及奶油（削减 70%）、酸奶（削减 70%）、乳浆（用于调制奶粉，削减 70%）、烘烤食品用面团（大米制品削减 75%，米粉调制品削减 15%～25%）、意大利面（削减 60%）、空心面（削减 60%）、冰激凌（削减 63%～67%）等。

（4）TRQ 农产品约占 6.4%。其中，既有适用于所有成员国的 TRQ，也有仅提供给特定国家的 TRQ。提供给所有成员国的 TRQ 产品主要有：小麦、小麦粉、乌冬面、烘烤食品、面包粉、大麦、天然奶酪、黄油、脱脂奶粉、可可制品、精制食用油、淡奶、炼乳、口香糖、咖啡、茶类、豌豆制

品、大豆调制品、巧克力、淀粉等。仅提供给特定国家的 TRQ 产品大多分布在 HS04（乳蛋品，9 个）、HS10（谷物，9 个）、HS11（制粉工业产品，10 个）、HS17（糖类，9 个）、HS19（粮食粉及淀粉，12 个）、HS21（杂项食品，1 个）。

（5）例外农产品约占 9.5%。主要包括：部分液态奶、奶粉、酸奶等乳制品，供喂养用的小麦和大米，WTO 中承诺的关税配额产品中的面粉、玉米粉和团粒型大米、葡萄糖、威化巧克力、婴幼儿配方奶粉、膨化食品、番茄酱罐头、速溶咖啡、盐渍动物生皮、蚕丝等。

（6）日本还对 WTO 项下 1 个关税配额产品（大麦产品，HS1003900110）采用了限定最高加价（JM2）处理方式；对牛肉、猪肉及制品、乳清浓缩蛋白粉、乳清粉、鲜橙等产品实施了特殊保障措施。

（二）加拿大农产品降税情况

加拿大农产品降税方式比较简单，分为四类：立即降税至零、6 年降税至零、11 年降税至零和 TRQ 管理。

（1）立即降税产品的农产品占 86.7%。涉及除牛肉、鸡肉及制品、粮食及制品、糖及制品、乳品和烟草外的其他农产品，其中，全部水产品、蔬菜和水果及其上述产品的加工品均立即取消关税。

（2）6 年降税至零（自第 6 年 1 月 1 日起免除关税，下同）的农产品占 1.3%。主要包括：鲜冷冻牛肉（关税配额外税号，对除澳大利亚以外的其他成员国 6 年降税至零）、鲜冷花鸡、浓缩乳清蛋白、大麦粉（超出准入承诺）、人造黄油（超出准入承诺）、甘蔗糖蜜、巧克力牛奶等。

（3）11 年降税至零（自第 11 年 1 月 1 日起免除关税，下同）的农产品占 6.3%。主要包括：鲜冷冻牛肉（关税配额外税号，对澳大利亚 11 年降税至零），超出准入承诺的小麦粉、玉米粉、大米粉、马铃薯粉等，鸡和火鸡制品，葡萄糖和糖浆，不含可可的糖食，供面包糕使用的调制品及面团、生面团、低蛋白质或无蛋白质泥，谷物或谷物产品经膨化或烘炒制成的食品，面包和饼干，经调味的冰或冰冻果子露，烟草。

（4）TRQ 管理农产品占 5.7%。主要包括：鲜奶、奶油、奶粉、酸奶、黄油、冰激凌等大部分 HS04 章乳制品（关税配额外税号），肉用鸡和鸡肉，火鸡，鸡蛋等。

（三）越南农产品降税情况

越南农产品降税模式较为复杂，共分为 23 种降税方式，但同一过渡期下的农产品采取了线性和非线性降税方式，因此又分为若干小类。由于越南农产品降税模式同日本类似，本文也参照日本的分类，将越南农产品降税大致分为短过渡期降税至零（10 年之内）、长过渡期降税至零（10 年以上）、关税配额管理（TRQ）和例外产品。

（1）10 年内降税至零的农产品占 88.4%。其中立即取消关税的占 42.6%，主要产品有：牛羊马等活动物、水产品、奶粉、乳清、乳酪、植物产品、谷物、小麦粉、大部分蔬菜（除番茄、胡萝卜、黄瓜、豆类蔬菜和干蔬菜等）、温带水果、大部分植物油（除棕榈油和亚麻籽油等）、动物饲料、天然橡胶、棉花和羊毛等。

（2）10 年以上较长过渡期降税至零的农产品占 10%，主要产品有：鲜冷冻禽肉及杂碎、罂粟籽、棕榈油、椰子油、蓖麻油、人造黄油、鸡肉制品、糖制品、蘑菇及块菌的制品、葡萄酒、味美思酒、未改性乙醇、卷烟等。

（3）TRQ 管理农产品占 0.8%。主要是烟草废料（HS2401），配额内关税自第 11 年 1 月 1 日起降至零，配额量逐年增加，自第 21 年起，每年配额量不设限。

（4）例外农产品占 0.8%。主要包括除孵化用之外的禽蛋（HS040720、HS040790）、固体甘蔗糖和甜菜糖及化学纯蔗糖（HS1701）。

（四）马来西亚农产品降税情况

总体而言，马来西亚的农产品降税方式比较简单，分为六类：立即降税至零、3 年降税至零、6 年降税至零、11 年降税至零、16 年降税至零和 TRQ 管理。但马来西亚的 TRQ 管理较为复杂，不同重量或用途的同一产品，配额外关税的处理情况差别较大。例如活鸡，重量不大于 185 克，配额外关税分 16 年均等从 20%削减至 10%；重量不超过 2 000 克，配额外关税分 6 年均等从 20%削减至 10%。

（1）立即降税产品的农产品占 93.1%。涉及除活鸡、鲜冷冻猪肉和鸡肉、禽蛋、粮食、乳品、酒类和烟草外的其他农产品，其中，全部水产品、蔬菜和温带水果及其上述产品的加工品、棉花、天然橡胶等均立即取消关税。

（2）3 年降税至零（自第 3 年 1 月 1 日起免除关税，下同）的农产品仅为酪蛋白胶（HS3501.90.200）。

（3）6 年降税至零的农产品有两个蛋白胶产品（HS3503.00.390 和 HS3505.20.000）。

（4）11 年降税至零的农产品占 2%。主要包括：干鲜香蕉、菠萝、杧果、山竹、木瓜、榴梿、荔枝、龙眼、红毛丹等绝大部分热带水果以及小麦、黑麦、大麦和燕麦等粮食产品。

（5）16 年降税至零的农产品占 3.6%（自第 16 年 1 月 1 日起免除关税，下同）。主要包括：啤酒、葡萄酒、味美思酒等 HS22 章的酒类和酒精饮料以及烟草。

（6）TRQ 管理农产品占 1.3%。主要包括：活鸡、鲜冷冻猪肉、鲜冷冻鸡肉、鲜冷冻食用块及杂碎、液体乳、鸡蛋和鸭蛋。

（五）墨西哥农产品降税情况

墨西哥共 1 576 个农产品，但有 22 个产品（种牛、牛杂、水产品和酒类等）没有标注降税情况，排除之后剩下 1 554 个。降税方式复杂，总体可分为立即降零、线性降税、非线性降税、部分降税、国别关税配额和最惠国单边配额的国别分配 6 大类。

（1）立即降至零的占 74.1%。包括大多数活动物、其他肉类、多数水产品、多数果蔬、加工食品、天然橡胶和棉花等。

（2）线性降税至零的占 20.6%。其中包括 3 年、5 年、8 年、10 年、12 年和 15 年降零 6 种情况，涉及牛肉、羊肉、鸡杂、冻鱼、鱼片、冷冻蔬菜、干蔬菜、干豆、柑橘、葡萄、木瓜、种用谷物、玉米粉、土豆淀粉、植物油、部分加工食品等。

（3）非线性降税至零的占 1.7%。其降税期为 10～16 年，包括前 3 年、前 5 年不降后面年份线性降零，和第一年降 16%此后线性降零等不同情况。涉及 26 个产品，包括虾、苹果、胡椒、鱼罐头和菠萝罐头等。

（4）部分降税的占 0.6%。包括 5 年降一半、7 年降 70%和 10 年降一半 3 种形式，包括 6 个咖啡产品和 4 个咖啡精汁产品。

（5）TRQ 管理的占 2.1%。包含 29 个乳品和 3 个棕榈油，配额内关税为 0。

（6）最惠国单边配额的国别分配占 0.9%。在一定情况下，将 14 个糖及含糖产品的单边最惠国关税配额的 7%分配给澳大利亚，配额内关税为 0。

三、CPTPP 签署对中国农业贸易投资的影响

与其他区域贸易协定相同，CPTPP 具有歧视非成员国的商品和服务，以及疏远非成员国直接投资往来等消极作用，这将产生贸易和投资转移效应，对中国农业贸易投资造成一定负面影响。

（一）成员国间相互减免关税可能给中国农产品贸易带来一定程度的转移效应

目前，中国已与 CPTPP11 个成员国中的文莱、马来西亚、新加坡、越南、智利、新西兰、秘鲁、澳大利亚 8 个国家签署了双边自贸协定，农产品贸易自由化水平基本实现 90%以上。因此，中国对上述 CPTPP 成员国出口农产品受影响不大。但中国与日本、加拿大和墨西哥尚未签署自贸协定，当中国的农产品出口到上述国家市场时，将会受到明显的不利影响。尤其是，日本部分农产品最惠国关税较高，中国输日农产品将遭遇来自马来西亚、越南、墨西哥、智利、加拿大、澳大利亚、新西兰等 CPTPP 成员国劳动密集型农产品的激烈竞争，使中国农产品出口面临较大压力。

（1）蔬菜水果出口可能会受到越南、墨西哥和智利的冲击。蔬果是中国重要出口农产品，占中国农产品出口额的 27.8%。在 CPTPP 成员国中，日本、越南和马来西亚等是中国蔬果出口的重要地区。墨西哥、智利、加拿大和越南是世界蔬果出口大国，CPTPP 实施后，日本对上述国家基本取消了其蔬果进口关税，这将挤占中国蔬果在日本的市场份额。此外，由于中国已与新加坡、越南和马来西亚等东盟国家签署自贸协定，对这 3 个国家的蔬果出口没有直接的负面影响。

（2）中国对日本水产品出口市场份额将会受到越南冲击。水产品是中国第一大出口农产品，2018 年出口额为 224.4 亿美元，占农产品出口总额的 27.9%，其中对 CPTPP11 个成员国出口额达 66.3 亿美元，占比约为 29.5%；向日本出口的水产品 40.5 亿美元，占比为 18.0%。越南水产品出口近年来增长较快，2018 年出口额达 80 亿美元左右。CPTPP 生效后，日本水产品基本立即降税至零，而目前中国与日本间尚未签署任何双边和诸边区域优惠协定，随着日本和越南水产品关税的降低，越南将会在很大程度上挤占中国对日本水产品出口份额。

（3）畜产品尤其是肉类出口将会受到加拿大等出口大国冲击。畜产品是中国第三大出口农产品，2018 年出口额为 68.6 亿美元，占中国农产品出口总额的 8.5%，其中对 CPTPP11 个成员国出口额达 20.6 亿美元，占比为 30.0%。日本作为世界第一大进口国，其肉类进口额占世界肉类进口总额的 10%以上，日本也是中国畜产品的主要出口国，2018 年中国对日本出口畜产品 14.6 亿美元，占中国畜产品出口总额的 21.2%。CPTPP 协定中，大部分成员国对牛肉和禽肉采取了较为谨慎的处理方式，TRQ 管理或者较长时间过渡期降税，但对猪肉、羊肉和鸭肉等其他肉类的处理较为灵活宽松，基本立即或者短过渡期内降税至零。日本在CPTTP中，对猪肉和禽肉均采取了较大幅度的部分降税方式，部分产品削减幅度超过70%。随着其肉类等畜产品对加拿大等成员国的逐步开放，中国畜产品对日本出口将受到一定影响。

（二）技术性贸易壁垒相关条款抬高了中国农产品出口门槛

CPTPP对中国农产品的负面影响不仅在于关税壁垒的取消产生的贸易转移效应，还有其成员间达成的食品安全和动植物检验检疫标准。根据国际贸易理论，贸易伙伴间的食品安全标准和规制体系越接近，双方发生贸易的概率越大，贸易量越大；反之，两者之间标准和监管制度的显著差距会直接限制贸易，甚至出现被动的贸易禁运。

一方面，CPTPP文本中，削减农产品贸易壁垒、海关管理和贸易便利化、促进电子商务发展、监管一致性、透明度和反腐败以及争端解决机制可以降低农产品贸易的交易费用，造成中国对相关国家农产品出口的贸易转移效应。另一方面，CPTPP对技术标准、合格评定程序和透明度等方面进行了详细规定；卫生与植物卫生措施也主要基于以日本为代表的动植物检验检疫标准，而中国的SPS一直低于国际水平。比如检验检疫标准的科学依据不充分且标准较低，尤其是在农药残留、兽药残留、微生物和重金属领域，SPS的透明度不够、对违反SPS的行为处罚不力等。因而，CPTPP新达成的食品安全、卫生和技术标准将对中国农产品出口造成门槛性进入障碍，并影响长期市场份额和竞争力。

（三）倡导的新规则将会对中国农业双向投资产生一定冲击

利用外资方面，由于成员国之间互相降低农产品关税，加之采取了促进区域间投资的优惠政策，使得各成员之间，尤其是发达国家对发展中国家的农业投资将逐渐增加。以越南为例，据越南工业和贸易部发布的信息，越南与CPTPP的其他10个成员国的贸易额分别占越南出口总额和进口总额的15.7%和16%，而且增速高于越南对外贸易的整体速度。CPTPP生效后，越南与CPTPP其他成员的贸易总额占比还会上升。对外投资方面，CPTPP协议保留了TPP整体规则框架，仅降低了知识产权规则的保护水平，缩小了投资者与国家间争端解决机制（ISDS）的范围，但有关国有企业、劳工等敏感规则仍然保留，允许相关争议提交争端解决机制。中国企业如在CPTPP成员国进行农业投资，将面临相关规则的制约，不仅投资将遵守更高的环境和劳工标准要求，而且国有企业身份也可能受到更多不公平待遇。

值得注意的是，韩国、泰国、印度尼西亚、菲律宾等国家和地区已经表达了加入 CPTPP 的意愿，并且很快将开启协定“扩容”的讨论。如果 CPTPP 不断扩大“朋友圈”，将会给中国农业带来更多的变数。

四、应对 CPTPP 对中国农业影响的政策建议

（一）把握稳中求进的总基调，本着互利共赢平衡的原则，稳步推进自贸区战略的实施

自贸区战略是一项经济战略，经济利益的考量是第一位的，自贸区谈判具有一次性的特征，后续谈判余地甚小。因此，自贸区建设必须稳步推进，必须坚守利益平衡原则，没有必要因为 CPTPP 而改变步伐。从当前中国经济发展实际出发，推进自贸区建设必须与转变贸易增长方式相结合，必须与以质取胜战略相结合，必须与推进品牌战略和市场多元化战略相结合。应着眼长远，借鉴欧盟普惠制做法，为今后实现外经贸战略和外交战略留有必要的筹码。

（二）继续坚持多边主义，强调和发挥 WTO 的基础和主体作用

在经济全球化的今天，多边合作仍是重点。WTO 多哈回合谈判虽至今仍未完成，但 WTO 制定的基本游戏规则依然有效，WTO 在管理和规范世界贸易、解决贸易争端方面仍发挥着基础和主体作用，不可替代。在当前世界经济不景气、贸易保护主义抬头的形势下，WTO 的作用更为重要。对此，中国应坚定不移地继续支持多边贸易体制的发展和完善，坚持 WTO 多边贸易体制在推动全球贸易自由化进程中的主渠道作用，坚持在既定谈判授权下、在既有共识的基础上积极推进多哈回合谈判早日达成平衡的一揽子协议。

（三）在重视和发挥 APEC 作用的同时，巩固既有区域合作成果，维持良好的周边环境

CPTPP 产生于亚太经济合作组织（APEC）框架之下，在目前无加入可能的情况下，中国应充分利用 APEC 既有的稳定机制，在务虚的同时重实效，注重发挥 APEC 在推进区域经济合作方面的作用。目前新加坡、越南、马来西亚和文莱已成为 CPTPP 正式成员，印度尼西亚也表示了要加入的意愿。而上述国家已通过中国—东盟自贸区框架与中国建立了自由贸易关系。中国应巩固这些既有成果，通过加强和改进相关自贸区协定的执行，稳定发展中国与周边的经贸关系。此外，中国力推的 RCEP 谈判与 CPTPP 有 7 个重叠国家，分别为澳大利亚、文莱、日本、马来西亚、新西兰、新加坡和越南，RCEP 的成功有利于降低 CPTPP 对中国的影响，有利于中国争夺亚太地区贸易规则的

主导权和话语权。中国应继续加强与“一带一路”沿线国家之间的经贸合作，不断扩大双边或多边贸易合作圈，提升中国在全球经济中的地位。

（四）充分利用自贸试验区等平台，加快农业经贸规则改革开放

积极配合自贸试验区建设，重点以海南自贸区、陕西自贸区杨凌片区为依托，在农业贸易投资领域加大试验力度，加快试验节奏，自主推动更多有国际影响力、能促进农产品贸易和农业投资改革的举措，降低企业各项经营成本，为企业营造更加便利、透明和法制化的营商环境。与此同时，稳步推进与“一带一路”国家的农业国际合作，密切关注建设进程中的各种风险，高度重视企业社会责任，严格遵守东道国环境、劳工标准，提高应对各种负面舆论的能力，及时为中国涉农对外投资出台支持保障措施。

对中国接受 CPTPP 涉农投资和原产地规则有关规定的建议

一、投资章节有关规定

（一）CPTPP 关于投资的规定

1. 以独立章节的形式对投资进行详细规定

《全面与进步跨太平洋伙伴关系协定》（下称“CPTPP”）在第九章对投资适用范围、投资待遇以及与投资有关的一般规定、投资争端解决机制以及负面清单等内容进行规范。投资章节分为 A、B 和附录三个部分，其中 A 部分（9.1～9.17条款）主要内容是投资的定义、投资的范围、与其他章节的关系以及核心义务和权利，B 部分（9.18～9.30 条款）主要是投资者与国家间的争端解决机制（ISDS）的详细描述和规定，附录部分则是针对正文内容的补充，以及不符措施下所列的各国负面清单。

2. 采用“准入前国民待遇＋负面清单”模式

国民待遇和最惠国待遇原则是非歧视原则的核心内容，分别是协议的第 9.4 条和第 9.5 条。CPTPP 投资规则以准入前的待遇标准为采用形式，要求将给予各成员方投资者国民待遇、最惠国待遇的阶段提前到准入前。即不仅包括在缔约方领土上投资的管理、经营、运营、出售和其他准入后阶段，还包括设立、获取和扩大的准入前阶段。其目的是最大限度地约束东道国通过行政审批等方式限制外资进入，推动投资自由化发展。

3. 在负面清单中引入“棘轮”条款

第 9 章的第 9.12 条规定了不符措施条款（即负面清单条款），主要对各个国家不适用于国民待遇、最惠国待遇、业绩要求以及高级管理人员与董事会等几个投资核心义务的措施进行总则形式的说明，不予适用上述待遇的行业和领域以及具体的限制措施，各个国家都在以附件形式提交的负面清单中详细说明。而未列入清单中的行业和领域，则全面对外国投资者进行开放。负面清单分为两个部分，附件Ⅰ是各缔约方针对现有行业所采取的不符措施，附件Ⅱ是未来不符措施的保留清单。同时，CPTPP 在负面清单中还纳入了“棘轮”条款，即某国一旦选择放开负面清单中的某项措施，则其开放程度不允许被降低或倒退。

4. 负面清单中涉及农业的主要集中在渔业

保留不符措施涉及的行业是各国重点保护的产业范围，除加拿大外，其他国家均对农业（包括牧业、渔业）保留了投资不符措施，其中既包括农业较多依赖国际市场的日本，也包括农牧业具有竞争优势的新西兰等国。例如，新西兰对其国家畜群测试数据库限定十分严格，新加坡对啤酒、雪茄等特殊产品的制造业进行了特殊限定，澳大利亚、秘鲁、马来西亚、文莱和智利对其渔业捕捞进行了保护，墨西哥对农业、畜牧业和林业进行了保护，日本对农业（包括植物育种）、林业和渔业及相关服务进行了限制，越南对兽医服务、农业和渔业服务业进行了限制。

（二）CPTPP关于投资的规定与中国目前农业投资开放情况的比较

1. CPTPP和中国均已采取负面清单模式

自2017年起，中国外资准入施行“准入前国民待遇＋负面清单管理”制度，2018年首次出台了《外商投资准入负面清单》，并于2019年6月30日进行了修订和进一步缩减，加大了对外资开放力度。

2. 部分CPTPP成员国农业领域的投资负面清单短于中国农业投资负面清单

2019年全国版负面清单取消了对外商投资野生动植物资源开发的限制，自贸区负面清单的涉农措施仅保留3条措施，取消了中国水产品捕捞的外资准入限制。截至目前，从自贸区负面清单来看，除小麦和玉米良种口粮作物育种投资有股比限制，水稻和大豆育种禁止投资，农作物、种畜禽、水产苗种转基因品种选育及其转基因种子（苗）生产禁止投资外，中国农业投资基本全部放开。CPTPP成员中，加拿大、澳大利亚、新西兰等大多数发达国家的农业投资负面清单短于中国，基本仅对渔业或者畜牧业进行了保护，日本和越南的清单长于中国，尤其是日本，在育种、渔业和林业等方面均做出了限制。

3. 中国已签署的FTA均未涉及“棘轮”条款

CPTPP中加入了“棘轮”条款，这对中国而言没有先例，在已签署的多边和双边协定中均未涉及。

（三）对中国农业接受CPTPP投资规则的建议

1. 可以接受“准入前国民待遇＋负面清单”模式

虽然目前中国已签署的FTA大部分以正面清单模式进行投资领域的开

放，但已在全国推广投资“准入前国民待遇＋负面清单”模式，中美双边投资协定（BIT）也采用了这一模式，这与 CPTPP 相同，可以接受。

2. 不能接受取消“对农作物、种畜禽、水产苗种转基因品种选育及其转基因种子（苗）生产”的限制

考虑到转基因农作物涉及食品和国家安全，在未建立安全有效的监测和鉴定措施前，不同意取消限制。

3. 可考虑在自贸试验区等特定范围内适当放宽种业投资限制

此前，国务院明确提出“取消或放宽种业领域外资准入限制”，并将海南自贸试验区作为先行先试的示范区。根据海南自贸试验区总体方案，将建设种业中转基地，探索实行种业对外开放措施，赋予海南省更大的农作物种质资源进口审批权。在有关试验成功后，可以考虑进一步放宽种业投资限制。

4. 短时间内不能接受“棘轮”条款

值得注意的是，中国在投资开放过程中曾出现过违反“棘轮”条款的倒退现象。例如，2013 年，上海自由贸易试验区发布了《中国（上海）自由贸易试验区外商独资医疗机构管理暂行办法》，明确允许外国投资者在上海自贸区独资设立医疗机构。2014 年 7 月，国家卫生和计划生育委员会、商务部颁布了《关于开展设立外资独资医院试点工作的通知》（国卫医函〔2014〕244 号），明确允许境外投资者通过新设或并购的方式在北京市、天津市、上海市、江苏省、福建省、广东省、海南省 7 个省份设立外资独资医院。但在其实施不到两年后，2015 年版新负面清单中规定，自贸区医疗机构限于合资、合作。《外商投资准入特别管理措施（负面清单）（2019 年版）》中，由外资设置独资医院原则上依然不被允许。虽然在农业领域尚未出现类似情况，但由于中国目前已经自主开放的种业等领域涉及中国粮食和食品安全，极为敏感，开放所产生的风险具有一定的不确定性，且中国在任何多边和双边协定中均未有此开放先例，因此在法律和政策保障尚不成熟的情况下，接受此条款存在较大困难。

二、农产品原产地规则相关规定

（一）CPTPP 关于农产品原产地规则的规定

1. 判定原产的标准分为“完全获得或者生产”和“实质性改变”

“完全获得或者生产”标准强调货物必须完全在受惠国获得或者生产，农产品主要涉及动物和植物产品、水产品等。“实质性改变”货物的判定标准则考虑了货物国际化生产的客观现实，具体采用税则归类改变、区域价值成分（RVC）和加工工序，通过产品特定原产地标准列表的形式对全税则商品逐一制定具体的原产地标准。其中，CPTPP 协定对于区域价值含量采用了增值法、扣减法和价格法三种方式，对多数产品均规定了子目改变或达到一定的区域价值标准。

2. 在产品特定原产地规则方面对部分产品采用了较高的原产地标准

对活动物、肉及食用杂碎、大部分水产品、活植物、蔬菜水果、谷物及制品、油籽、油脂（HS1501～1509）等采用了等同于“完全获得”的章改变规则，而且还对乳品（章改变，除子目 HS190190 乳固体含量干重超过 10%的乳制品）、肉制品（章改变，除第 2 章）、水产制品（章改变，除第 3 章）等敏感产品实施了更为严格的原产地标准。

3. 使用了“累积规则”和“微小含量”规则

“累积规则”是指如果某产品的原材料或生产过程发生在多个成员国，则这些国家对于产品的贡献将累积计算，达到一定比例后，将获得原产地待遇，并享受 CPTPP 关税优惠。“微小含量”是指某区域下的原产品，并不一定完全是该地区的原材料，可以允许在一定比例之内含有进口的原材料，并对判定其原产地资格不产生改变。

（二）CPTPP 关于农产品原产地规则的规定与中国目前签署的 FTA 原产地标准的比较

1. CPTPP 对农产品的特定产品原产地规则标准高于部分中国已签署的 FTA

CPTPP 在特定产品原产地规则中，基本列出了所有农产品，采取的标准较多的为章改变规则，大部分产品的原产地标准高于中国已签署的中国—巴基斯坦、中国—东盟、中国—瑞士等 FTA，但大部分农产品的原产地规则也低于中国—韩国和中国—澳大利亚 FTA（基本采用完全获得标准）。

2. CPTPP 对区域价值成分的计算方式更灵活

CPTPP 原产地规则对区域价值成分的相关规定较为细致，允许通过多种方式计算区域价值成分，便于企业根据产品特点利用区内优惠税率，打造区域产业链和供应链。中国目前已签署的 FTA，大部分仅采用非原产材料扣除的区域价值含量一种方法 [仅《内地与香港关于建立更紧密经贸关系安排》（CEPA）采用了增值法]，且区域价值成分标准低于 CPTPP。对于部分产品，中国—韩国和中国—澳大利亚 FTA 仅规定了子目改变一个标准，CPTPP 协定则对多数产品均规定了子目改变或达到一定的区域价值标准，显示了更多的灵活性。

3. CPTPP 的“累积规则”条款适用范围更广

目前，中国已签署 FTA 基本已适用“累积规则”条款。但 CPTPP 进一步丰富和深化了累积规则，除由一个或多个生产商在一个或多个缔约方境内生产的货物，只要满足原产货物标准，即被认定为原产货物，还明确规定，一个或多个生产商在一个或多个缔约方境内使用非原产材料的生产活动可计入货物的原产成分。这在一定程度上扩大了原产货物的范围。

4. CPTPP 的“微小含量”不适用于乳制品和果蔬汁等少量农产品

目前，中国已签署的 FTA 关于微小含量的规定较为宽松，基本上非原产材料价值不超过离岸价格的 10% 均被视为原产货物。CPTPP 虽然也包括“微小含量”标准，但同时列出乳制品、果蔬汁等一系列例外产品，要求更加严格。

（三）对中国接受 CPTPP 农产品原产地规则的建议

1. 可以接受更为严格的特定农产品原产地规则

从进口而言，严格的农产品原产地规则可以有效防止第三国产品“搭便车”，以低关税进入中国市场，冲击中国农业产业。从出口而言，中国出口农产品大多为自产商品，基本可以达到 CPTPP 的原产地标准，尤其在中国—韩国和中国—澳大利亚 FTA 中，中国大部分农产品承诺采用“完全获得”，可以达到 CPTPP 的原产地标准。此外，由于果蔬汁材料基本原产于中国，因此，对果蔬汁等产品不适用“微小含量”这一条款，中国也可以接受。

2. 可以考虑接受更灵活的区域价值成分计算方式

虽然增值法对企业会计要求较高，海关核查程序较为复杂，但考虑到企业的便利性，而且在 CEPA 中也有使用先例，可以考虑接受采用增值法或者减扣法计算区域价值成分，但建议优先考虑减扣法。

3. 不能接受“累积规则”条款中的非原产材料的累积

由于目前中国在多边和双边优惠协定中没有非原产材料的累积先例，而且对非原产材料的原产成分难以核实，因此，不建议接受上述条款。

自贸试验区农业开放模式创新跟踪

中国自由贸易试验区（以下简称自贸试验区）不同于一般意义上的自由贸易园区，作为新一轮改革开放的试验田，顺应了国内国际最新形势，体现了国家改革开放的大政方针，服务于新时代全面深化改革和扩大开放的战略目标，它既是植根自身深化改革的固本之策，也是面向世界扩大开放的重大举措。自2013年上海自贸试验区设立以来，中国逐步形成由南到北、由东至西、从沿海到沿边的“1＋3＋7＋1＋6”自贸试验区发展格局，有效发挥了深化改革和扩大开放的试验田作用。

一、中国自贸试验区建设成就

从2013年上海自贸试验区的设立，到2015年沿海4个自贸试验区的共同推进，再到2019年“1＋3＋7＋1＋6”格局的形成，中国自贸试验区建设的质量和水平不断提升，改革开放的经验和红利不断积聚呈现，逐渐成为推动中国高质量发展的重要动力源。

（一）选点布局不断完善

2013年以来，中国自贸试验区经历了由点到线再扩展到面的发展，逐步形成由南到北、由东至西、从沿海到沿边的“1＋3＋7＋1＋6”自贸试验区发展格局，整体布局上不断完善。

上海自贸试验区的设立标志着中国自贸试验区建设的开启。2013年9月29日，上海自贸试验区正式挂牌成立，划定面积28.78千米^2，涵盖上海市外高桥保税区、高桥保税物流园区、洋山保税港区和上海浦东机场综合保税区4个海关特殊监管区域。

为了进一步深化上海自贸试验区改革开放的试点，党中央、国务院决定进一步扩展上海自贸试验区的范围；同时，为了与上海自贸试验区形成对比试验、互补试验，决定在广东、天津、福建再增设3个自贸试验区。2015年4月，广东、天津、福建自贸试验区挂牌成立，上海自贸试验区扩展区域（简称“扩区”）启动建设，中国自贸区建设进入到沿海4个自贸试验区共同推进阶段。自此，中国改革开放最前沿的东部沿海地区已基本完成自贸试验区布局，同时也标志着自贸试验区的探索和建设进入了快速发展时期。

为了在全国范围更高层次、更广泛领域进行差异化探索试验，更好地服务国家战略，2017 年 4 月，辽宁、浙江、河南、湖北、重庆、四川、陕西 7 个省自贸试验区正式挂牌成立，覆盖东中西和东北地区，自贸试验区体量和区域带动性大幅度提升。2018 年 9 月 24 日，国务院印发了《中国（海南）自由贸易试验区总体方案》2019 年 8 月，国务院印发了《中国（山东）自由贸易试验区总体方案》《中国（江苏）自由贸易试验区总体方案》《中国（广西）自由贸易试验区总体方案》《中国（河北）自由贸易试验区总体方案》《中国（云南）自由贸易试验区总体方案》《中国（黑龙江）自由贸易试验区总体方案》，至此，中国已基本形成了“1＋3＋7＋1＋6”自贸试验区布局，形成了覆盖东西南北中的改革开放创新格局。

（二）试验任务不断深化

随着自贸试验区试验任务的不断推进和逐步完成，国务院适时发布深化方案或全面深化方案，在前期试验任务的基础上，更加突出对标国际高标准，更加注重系统集成，更加聚焦服务实体经济发展的关键环节，推动试验任务不断深化。

2013 年 9 月 27 日国务院发布《中国（上海）自由贸易试验区总体方案》，明确上海自贸试验区的五大主要任务、措施和扩大开放的六大服务领域（金融、航运、商贸、专业、文化、社会服务领域）。2015 年又公布了《进一步深化中国（上海）自由贸易试验区改革方案》，在政府职能转变、投资管理制度创新、贸易监管制度创新、金融制度创新、法制保障 5 个方面规定了 25 条任务措施，进一步深化并明确各项任务措施的具体责任部门和时间节点。深化方案在总体方案基础上，进一步突出以制度创新为核心，加快释放改革红利；以政府职能转变为重点，充分发挥市场资源配置的决定作用和更好发挥政府作用。2017 年国务院颁布了《全面深化中国（上海）自由贸易试验区改革开放方案》，这是上海自贸试验区设立以来的第三版方案。方案贯彻落实党中央对自贸试验区建设的战略部署，要求对照国际最高标准、最好水平，深化改革开放；坚持制度创新，加强改革的系统集成；进一步加大压力测试力度；更大力度转变政府职能，更加突出开放引领，更加注重风险防控，更加突出联动发展，更加突出改革举措的系统集成。

2018 年 5 月 4 日，国务院印发了进一步深化广东、天津、福建自贸试验区改革的 3 个方案。方案聚焦服务实体经济发展等改革关键环节，在多个领域深入开展改革探索。其中，广东自贸试验区围绕打造开放型经济新体制先行区、高水平对外开放门户枢纽和粤港澳大湾区合作示范区，提出了建设公正廉洁的法治环境、建设金融业对外开放试验示范窗口和深入推进粤港澳服务贸易自由化等18个方面的具体举措。天津自贸试验区围绕构筑开放型经济新体制、增创国际竞争新优势、建设京津冀协同发展示范区，提出了创新要素市场配置机制、推动前沿新兴技术孵化和完善服务协同发展机制等16个方面的具体举措。福建自贸试验区围绕进一步提升政府治理水平、深化两岸经济合作、加快建设21世纪海上丝绸之路核心区，提出了打造高标准国际化营商环境、推进政府服务标准化透明化和加强闽台金融合作等21个方面的具体举措。

2018年9月24日，国务院发布了《中国（海南）自由贸易试验区总体方案》。该方案坚持以制度创新为核心，在投资贸易便利化改革、法治环境建设、金融创新、综合监管等方面提出要求，明确在加快构建开放型经济新体制、加快服务业创新发展、加快政府职能转变等方面开展改革试点。与之前设立的自贸试验区相比，海南自贸试验区最大特点就是"全域性"，不再局限于此前自贸试验区120千米^{2}的面积限制，此外，医疗卫生、文化旅游、生态绿色发展等成为特色试点内容。

2018年11月7日，国务院印发《关于支持自由贸易试验区深化改革创新若干措施的通知》。该通知具有五方面特点：一是加大改革授权力度。在风险可控前提下，通过下放相关权限，支持自贸试验区大胆试、大胆闯、自主改。二是开展试点探索。推动相关措施在自贸试验区先行先试，在契合自贸试验区发展定位的关键领域开展探索，进一步发挥自贸试验区试验田作用。三是进一步推动对外开放。在现有外商投资负面清单基础上，提出有关开放举措，打破准入后的"玻璃门"。例如，进一步放宽外商投资建设工程设计企业、人才中介机构等方面的资质限制。四是给予政策扶持。给予自贸试验区有针对性的扶持政策，补齐功能短板，促进新产业、新业态、新模式发展，培育发展新动能。五是体现特色定位。根据各自贸试验区的特色功能定位，提出不同的深化改革创新措施，引导各自贸试验区有针对性地开展探索，53项支持措施中有14项适用于特定自贸试验区。

（三）试验内容不断拓展

随着自贸试验区选点布局的不断完善，在试验任务不断深化的同时，试点内容也在不断拓展，覆盖面更广，差异化试点特色更加突出。

伴随着3批自贸试验区总体方案、深化方案或全面深化方案的不断推出，改革开放覆盖面不断拓宽。在开放领域，充分体现坚持开放为先的理念，通过放宽市场准入、取消差别化待遇等多种方式，推动开放向更广领域、更深层次拓展。例如，第二批3个自贸试验区深化方案均提出大幅度放宽市场准入，扩大服务业对外开放，提高自贸试验区外商投资负面清单开放度和透明度；除特殊领域外，取消对外商投资企业经营期限特别管理要求；清理和取消资质资格获取、招投标、权益保护等方面的差别化待遇，实现各类市场主体依法平等准入相关行业、领域和业务。在改革领域，注重加强系统集成，补足碎片化的改革短板，推动改革向更大范围拓展。例如，广东深化方案在前期试验任务基础上，进一步向知识产权、法治环境、人才管理、劳工权益、环境保护等新议题、新领域拓展；福建深化方案积极推动改革向纵深拓展，努力形成制度创新链条，如将国际贸易“单一窗口”向外贸企业资质备案、贸易许可和原产地证办理、货物进出口和船舶出入境申报、出口退税等国际贸易主要环节拓展。

与此同时，自贸试验区差异化试点特色更加突出。与上海自贸试验区相比，第二批自贸试验区除了当好改革开放排头兵、创新发展先行者外，在服务国家战略、辐射带动周边区域发展上，又体现出了不同的特点。广东自贸试验区突出推动内地与港澳经济深度合作，天津自贸试验区服务于京津冀协同发展，福建自贸试验区立足于深化两岸经济合作，并均服务于“一带一路”倡议。从辐射周边区域发展方面看，广东自贸试验区通过加工贸易转型，带动泛珠三角区域和内地的产业升级，天津自贸试验区旨在通过促进京津冀协同发展来辐射内陆的发展，福建自贸试验区着力加强闽台产业对接、创新两岸服务业合作模式，以此来带动两岸经济发展。第三批自贸试验区则更加突出试点任务的差异化，分别对接“一带一路”建设、长江经济带、中部崛起、西部大开发、振兴东北老工业基地等重大区域发展战略。7地结合自身特点，在自贸试验区探索推进国资国企改革、以油品为核心的大宗商品投资便利化和贸易自由化、构建多式联运国际物流体系、创新现代农业交流合作机制、创建人文交流新模式等特色试点任务，与上海、天津等第二批4个自贸试验区形成对比试验、互补试验，在更广领域、更大范围形成各具特色、各有侧重的试点格局。

（四）试点经验不断形成

在国家层面，自2013年上海自贸试验区设立以来，自贸试验区在建设过程中已形成了153项可复制、可推广的改革创新成果。2015年1月29日，《国务院关于推广中国（上海）自由贸易试验区可复制改革试点经验的通知》发布，包含35项可复制推广的改革事项。2016年11月国务院印发《关于做好自由贸易试验区新一批改革试点经验复制推广工作的通知》，一共形成19项可复制推广的改革事项，根据2017年7月5部门发布的《关于做好自由贸易试验区第三批改革试点经验复制推广工作的函》，其中，会展检验检疫监管新模式、进口研发样品便利化监管制度等5项内容在全国复制推广。2018年5月，国务院正式公布《关于做好自由贸易试验区第四批改革试点经验复制推广工作的通知》，在服务业开放、投资管理、贸易便利化、事中事后监管等领域向全国推广共计30项改革试点经验。

（五）改革红利不断释放

随着自贸试验区建设的不断推进，11个自贸试验区持续释放改革开放红利，形成了多领域、多层次、多渠道释放改革红利的态势。

（1）在多领域推动改革带来直接红利。随着各领域改革试点任务的落地实施，在企业减少时间成本、人员成本、材料成本等方面直接释放的改革红利效果明显。例如，福建自贸试验区厦门片区工程项目审批改革使企业申报材料减少90%，审批时间压缩3/4。贸易便利化改革推动进出口货物申报由4小时减少至5～10分钟，船舶出境申报由36小时减少至0.5小时，进境申报由36小时减少至2.5小时。再如，上海自贸试验区率先探索的国际贸易“单一窗口”改革，整合口岸管理资源，打破信息孤岛壁垒，单一窗口覆盖范围从海关扩展到涵盖中央和地方的22个部门和单位，企业申报数据项在船舶申报环节缩减65%，在货物申报环节缩减24%，5年来累计为企业节省成本超过20亿元。

（2）在区域协同中带来的溢出红利。自贸试验区结合各自在区域协调发展中的战略地位，辐射带动作用不断加强，持续向周边区域释放改革开放红利。以天津自贸试验区为例，截至目前，实施京津冀海关区域通关一体化改革成效显著，天津企业通过首都机场进出口货物的通关时间节约8小时，途中运费降低30%；北京、河北企业通过天津海港口岸进出口货物通关时间缩短3天，通关成本减少近30%。实行京津冀跨区域检验检疫“通报、通检、通放”和“进口直通、出口直放”一体化模式，通关时间平均每批货物节省0.5天，每标准箱节约物流成本120元，口岸快速放行率达88%。

（3）在多层次自主改革中带来的间接红利。通过激发政府部门、行业协会、企业等不同主体在自贸试验区改革中的积极性，凝聚改革合力，间接推动形成相关环节或领域产生改革红利。例如，福建自贸试验区厦门跨境电商综试区在跨境电商出口方面加强探索，出口占比高达95%，在当前中美贸易摩擦、人民币汇率贬值、2018年一季度经常性逆差的形势下，跨境电商出口的健康发展不仅有利于缓解经常性逆差压力，也有利于推进各自贸试验区用足其他政策，间接释放自贸试验区改革红利。再如，厦门口岸通过国企带动、协会协调、部门管控等多措并举，推动口岸中介费用阳光化、透明化，推出“全流程阳光服务”产品，降本增效效果明显，口岸中介服务费降低30%，降低成本约 3 000 万元/年。

(4) 在相互借鉴中带来更大范围的外溢红利。一方面，各自贸试验区向全国、全省、周边地区“输出”改革创新经验，释放改革开放红利。例如，福建在全国范围内推广 29 项创新成果和 3 个最佳实践案例，在全省范围推广 110 项试点经验，持续释放“外向溢出红利”。另一方面，各自贸试验区也加大 153 项可复制推广经验的“输入”力度，通过学习其他自贸试验区的经验，更好地促进自身自贸试验区建设。

二、中国自贸试验区涉农任务建设情况

(一) 涉农试验区快速增加

截至 2019 年，中国建设的 18 个自贸试验区中，将农业作为重点发展产业之一或者有涉农任务的试验区共 7 个。虽然不足半数，但是增速较快。地域涉及沿海、沿江、内陆和沿边（表 1）。

表 1　中国涉农试验区建设布局

自贸试验区	战略定位
浙江自贸区舟山南部片区	着力发展水产品贸易
河南自贸区开封片区	提升农副产品加工国际合作及贸易能力
陕西自贸区杨凌片区	打造“一带一路”现代农业国际合作中心
海南自贸区	建设全球动植物种质资源引进中转基地，建设热带农产品交易中心、定价中心和拍卖中心
山东自贸区青岛片区	建设东北亚水产品加工及贸易中心
云南自贸区红河片区	开展跨境农业合作，建设牛肉、天然橡胶等沿边资源储备基地
黑龙江自贸区黑河片区	重点发展绿色食品产业

(二) 试验区涉农制度创新成果不断涌出

从试点经验产生的领域、类型和效果看，投资便利化涉及 81 项，贸易便利化 64 项，金融开放创新 23 项，事中事后监管 34 项。其中，明确以农业为试点领域的制度创新经验仅 5 项，约占 2.5%，主要集中在贸易便利化领域（表 2）。

表 2　中国涉农自贸试验区创新成果

序号	改革事项	主要内容	负责单位	推广范围
1	进境粮食检疫全流程监管	创新“互联网＋全程监管”工作模式，运用互联网技术、电子信息化和视频监控手段，实现从申报、锚地检疫到卸船、仓储、调运的进境粮食检疫全流程监管	海关总署	全国
2	优化进口粮食江海联运检疫监管措施	对进口粮食调运船舶开展适载性风险管理，全程定位进江船舶，防范调运环节可能出现的短重、撒漏以及疫情扩散风险	海关总署	全国
3	免除低风险动植物检疫证书清单制度	窗体顶端 11 类进口的低风险动植物产品免于提交输出国家或地区动植物检疫证书	海关总署	全国
4	会展检验检疫监管新模式	简化审批手续，对报检单位登记备案、出入境特殊物品卫生检疫审批、口岸卫生许可、进境（过境）动植物及其产品检疫审批等检验检疫审批项目，实行网上申请和审批	海关总署	全国
5	动植物及其产品检疫审批负面清单管理	负面清单六大类包括过境动物、进境动物、进境水果和粮食、进境饲料、国家禁止进境物和其他未获检疫准入的动植物及其产品	海关总署	海关特殊监管区

（三）试验区首次推出涉农创新做法和实践

由国务院自贸试验区工作部际联席会议办公室总结印发供各地借鉴的“最佳实践案例”，共 3 批，合计 43 个（表 3）。从案例产生的领域看，农业领域仅 1 项。陕西自贸区杨凌片区：以标准化助推现代农业发展新模式。主要做法是探索农业综合标准化服务模式，包括建立农业标准化工作机制，出台农业标准化系列政策和保障措施；构建农业标准化推广服务体系，形成了“基地带动示范户、示范户带动农户”的“点上示范，面上推广”新格局；打造农业科技成果转化平台，创建“国家旱区农业标准化服务与推广平台”，推进农业最新科研成果通过制定技术标准转化应用。

表 3　中国自贸试验区 3 批最佳实践案例

批次	最佳案例个数	主要领域	发布时间
第一批	8	国际贸易单一窗口、跨境电商、市场监管制度、诚信管理等	2015 年 12 月
第二批	4	“证照分离”、政务服务、关检“一站式”查验平台等	2017 年 7 月
第三批	31	药品上市许可持有人制度试点、地方金融风险监控防控平台、平行进口汽车政府监管服务新模式、跨境电商零售进口正面监管模式、以标准化助推现代农业发展新模式、铁路提单信用证融资结算等	2019 年 7 月

（四）农业外资开放力度不断提高

随着自贸试验区的加快建设，农业外资市场准入门槛逐渐放低，目前仅对粮食种子外资股比以及转基因品种选育等极少数领域进行了限制。但在生产要素的自由流动、贸易新业态的培育以及与其他产业的融合开放发展等方面仍存在一定空间。2018 年全国版和自贸区版负面清单由 2017 版的 5 条措施减至 4 条措施，并放宽了农作物新品种选育和种子生产的股比要求，除小麦和玉米良种口粮作物外，其他农作物种子领域全面放开；2019 年全国版负面清单取消了对外商投资野生动植物资源开发的限制，自贸区负面清单的涉农措施仅保留 3 条措施，取消了中国水产品捕捞的外资准入限制。

（五）为沿边地区农业开放积累了经验

2019 年新批复的自贸试验区中，有 3 个自贸试验区包括了沿边地区。由于农业是沿边地区经济发展的重要产业，因此在上述 3 个自贸试验区中，涉农开放任务较多。本课题对黑龙江自贸试验区黑河片区进行了调研，发现其创新探索了诸多农业开放措施，为沿边地区农业开放发展积累了经验。具体看，投资便利化方面，鼓励黑河片区在法定权限内围绕农业等重点产业制定外商投资促进政策；促进互市贸易转型升级方面，采用“互市贸易＋电商”“互市贸易＋专业市场”“互市贸易＋落地加工”等交易模式，打造互市农产品贸易全产业链条；通关便利化方面，在检疫安全的前提下优化鲜活产品海关查验流程，搜集并确定中国对东北亚国家通过准入的鲜活农副产品目录清单；金融扩大开放方面，创新新型农业金融机构，设立农村合作金融公司、农业租赁金融公司及创新发展村镇银行，逐步建立完善农村金融服务体系及支付结算体系；培育经济发展新动能方面，依托进口境外小麦和大豆等粮食产品，有机肉类、优质奶、冰鲜水产品、林下资源等绿色农业资源，利用黑河片区保税优势，引进一流加工企业，大力发展绿色食品加工产业；提升对俄开放合作水平方面，支持黑河片区内企业“走出去”开展境外农业合作，建设境外农业合作园区和中药材种植合作园区，鼓励企业对境外投资合作所得回运产品开展贸易和加工。

（六）自贸试验区农业建设也存在诸多亟待解决的问题

（1）缺乏顶层设计。国家的自贸试验区布局非常明确，但农业开放的试验载体布局尚缺乏整体设计。未来如何推进农业两区建设，如何处理其与自贸试验区的关系，是否需要建立以农业为主要试验领域的开放试验区，如何在其他开放平台载体促进农业开放等，都需要做前瞻性的判断，为今后农业开放提供指导性规划。

（2）开放的领域有待进一步拓宽。从开放领域角度看，就是要突破制造业和农业领域“单兵突进”和“单线发展”的传统开放模式，实现制造业、农业开放深化和服务业开放范围扩大的双轮驱动，在产业领域打造范围更广、结构更加均衡的开放新格局。虽然，目前农业外资市场准入门槛逐渐放低，仅对粮食种子外资股比以及转基因品种选育等极少数领域进行了限制，但在生产要素的自由流动、贸易新业态的培育以及与其他产业的融合开放发展等方面仍存在一定空间。

（3）开放的创新性和可复制性有待进一步提升。创新性方面，相对于制造业和服务业，农业的创新性较低。43 项最佳创新案例中，仅 1 项是涉农案例；国务院批复的潍坊国家农业开放发展综合试验区也主要以复制自贸试验区成果为主，创新较少。可复制性方面，202 项复制推广的制度创新成果中，明确以农业为试点领域的制度创新经验仅 5 项。部分片区创新的案例和成果不具备可推广的条件。

三、利用自贸试验区促进农业开放发展的思路和路径

建设自由贸易试验区是党中央在新时代推进改革开放的一项战略举措。近期批复的海南等自贸试验区有多项任务涉及农业。新时代背景下，为促进中国农产品贸易投资健康发展，可以借助自贸试验区的平台，积极与海关等相关部门研究创新提高农产品贸易便利化水平、鼓励贸易新业态发展的举措，降低农产品贸易企业的成本。

（一）加强农业开放试验区的顶层设计

一是，在目前10个农业对外开放合作试验区中选取与自贸试验片区存在重叠的区域，例如，琼海农业对外开放合作试验区和连云港农业对外开放合作试验区。对于上述试验区，应重点加强规划设计指导，利用自贸试验区的优惠政策促进开放合作试验区的开放发展。二是，未来布局农业对外开放合作试验区应通盘考虑，建议重点选取自贸试验区所在或临近区域，可作为自贸试验区的联动区域，创新和优先复制自贸区经验。三是，适时考虑在开放和产业基础较好的地区，向国务院申请设立以农业为主要试点领域的开放试验区，测试适合农业开放和高质量发展的任务。

（二）扩大农业开放领域

具体而言，在外商投资领域，可以考虑适时在限定区域内进一步放开粮食等作物的外商投资股比限制。在资金要素领域，应促进农业跨境投融资便利化，通过担保授信、代理采购等，促进农产品出口；通过支持融资租赁公司参与农机的生产及经销环节，参与新型农业经营主体股权投资。在技术要素领域，应创新国际农业科技教育交流机制，完善农业科技人才引进和激励制度，提升农业科技人才流动的便利化。在贸易新业态领域，选取成熟的农产品批发市场，鼓励地方政府申请市场贸易采购试点；鼓励企业使用跨境电商平台，促进农产品出口。与其他产业融合发展领域，应创新农业与康养、文化会展、旅游等产业的融合发展，通过服务业扩大开放带动农业的创新发展。

（三）拓展农业开放平台载体

沿边开发开放试验区（7个）方面，推动互市农产品落地加工，配合制定中国对周边国家通过准入的鲜活农副产品目录清单，开展跨境农业投资和技术合作。跨境电商综合试验区（35个）方面，鼓励非鲜活的农产品加工，利用“1210”跨境电商保税进口，减少进口企业的成本和费用；打造农产品跨境电商平台，推动优势特色农产品走出国门。境外经贸合作区（113个）方面，鼓励企业入驻农业产业链相对完整、营商环境良好的境外经贸合作区，促进企业“抱团”出海，开展境外农业投资。

（四）提升农产品贸易便利化

在自贸试验区内，研究出台农产品进口绿色通道报关服务，探讨创新农产品检验检疫模式，对进口农产品全面应用预检验模式；对进口果蔬、鲜活农产品的木质包装检疫和集装箱卫生检疫实行“一次申报、一次开箱查验、一次放行”的一站式检验检疫监管模式；深入推进第三方检验结果采信制度，按照“管检分离、合格假定、强化事中事后监管”的原则，对更多农产品采信第三方检验机构的检测结果，促进第三方检验认证机构的规范、有序、健康发展。此外，探索推广农产品出口集货保税模式。鼓励企业通过设在自贸试验区内的集冷链物流、保税仓储、出口代理等功能为一体的外贸综合服务平台开展农产品保税出口业务，保证企业可提前享受出口退税，有效解决资金占用问题。具体而言，可参照湖北省做法，通过与检验检疫相关部门沟通协作，制定“农产品保税出口”新模式的具体措施，使企业在产地完成出口检验检疫手续后，发货至自贸试验区具有保税功能的片区即可获得出口退税；货物由保税区发往国外实际出口时，自贸试验区检验检疫机构与产地检验检疫机构通过监管信息共享互认，在出口商品保质期内实施“免检直放”，免于开展抽批等评定。

（五）引导外资流向农产品精深加工

从 2019 年的自贸试验区负面清单来看，取消中国管辖海域及内陆水域水产品捕捞的外资准入限制，我们的农业外资开放水平已经比较高了，除了小麦、玉米育种的股比限制以及转基因种业，农业外资准入基本全面放开，开放空间已经有限了。但是，我们可以利用自贸区政策引导外资流向合理的领域。可以在河南、陕西、海南等部分以农业为主导产业的自贸试验区（片区）建设国际食品产业园，充分发挥园区集聚作用，积极引进国内外面制品、肉制品和水产制品等各领域的知名企业，充分利用保税加工政策，同时加大对重点精深农产品加工企业、综合利用加工短缺产能和重要特色农产品原料收购的信贷支持力度，鼓励开发新型安全、方便、营养、健康食品，打造重点农产品的加工产业链，提升农产品精深加工产业利用外资质效。同时，培育和引进一批加工企业，大力发展农产品加工业，尽可能把农业原料“红利”留在国内。

（六）鼓励企业开展境外投资

涉农企业开展境外投资有利于国内农产品进口多元化，但是由于农业的周期长，投资的国家又大多为发展中国家，面临的风险比较高。因此，企业开展境外投资的资金面临很大的瓶颈。可以研究在片区设立农业发展专项基金，支持片区内企业在境外进行粮食、油料作物、中药材等土地密集型农作物种植，畜牧业养殖，农产品、中药材加工等领域的投资与项目合作。也可以探索建立农业企业的线上服务平台，为企业的境外投资提供法律、语言等公共服务。

（七）加强农业科技国际合作

鼓励外资投向现代农机装备制造业、农业废弃物资源化利用等高新技术行业，加强农业科技合作，推进与其他国家的技术和标准互认；充分利用自贸区科技人员出入境便利政策，加强与其他国家农业科技人员交流与合作；构建农业新品种、新技术引进交易服务的“绿色通道”，引进一批全球领先的适合干旱半干旱地区种植的农作物品种、先进技术和管理理念；还可以支持涉农科研院所、农业高校与企业联合建立农业科技研究中心，与自贸试验区内农产品加工企业跨界跨域合作建立产学研用相结合的科技创新联盟，全面提升农业科技创新能力和核心竞争力。如，杨凌片区就分别成立了高校和企业的丝绸之路创新合作联盟，为农业发展提供了人才和科技支撑。

产 业 篇

CHANYE PIAN

中俄大豆贸易的现状和发展路径

长期以来，中俄贸易多以能源、原材料等为主，近年来的农业合作渐成中俄经贸合作新亮点。俄罗斯粮农企业非常看重中国农业市场，其中大豆市场是俄企最看重的市场之一。本文将从中俄大豆贸易的现状与特征、有利和不利因素、发展路径几方面作出总结与思考。

一、中俄大豆贸易的现状与特征

1. 中俄大豆贸易发展规模较小

作为世界上大豆主要消费国，中国市场目前每年消费的大豆超过 1 亿吨，其中 88%依靠进口，主要来自巴西和美国。整体看，2000—2018 年，中国自巴西进口大豆呈现逐年递增态势，特别是 2014 年，中国自巴西的大豆进口超过美国，此后中国对巴西的大豆依赖性逐渐加强。2018 年，巴西供应的大豆占中国进口量的 75%，巴西成为中国大豆市场的最大胜利者。2018 年中国大豆进口超过 8 800 万吨，尽管同比下降 7.9%，但中国大豆供需仍然存在巨大缺口。2018 年，俄罗斯对华大豆出口为 82 万吨，每年中国自俄罗斯进口的大豆不足中国总进口量的 1%，即使中国市场全境开放俄罗斯大豆进口，中国进口大豆的供应缺口依旧相对较大。

2. 中俄大豆贸易增长速度较快

从纵向看，2002—2011 年，这 10 年间中国从俄罗斯进口的大豆一直不足 1 万吨，2012 年进口量开始增长，到 2018 年，中国自俄罗斯的大豆进口量增长到 81.48 万吨，较以往增长近百倍。从横向看，2018 年 1 月至 2019 年 8 月，中国从俄罗斯平均每月进口大豆 6 万吨左右；2018 年 7 月至 2019 年 4 月，除个别月份，中国从俄罗斯进口大豆的数量环比均在减少，从 5 月开始增加，到 8 月期间较上年同期增加 1.3 倍。在中国的大豆进口国中，虽然俄罗斯一直排名靠后，但两国在大豆领域的贸易增速发展较快，前景较好。

二、中俄大豆贸易的有利因素

1. 政策环境好

2019 年 6 月初，中国商务部、农业农村部与俄罗斯经济发展部、农业部共同签署了《关于深化中俄大豆合作的发展规划》，为全面拓展和深化两国大豆贸易与全产业链合作指明了方向。目前中国已允许进口俄罗斯全境大豆，俄罗斯农业部计划到 2025 年把对中国出口大豆的数量提高至 370 万吨的目标。以上举措表明，中俄双方坚定促进与彼此互利共赢合作的立场，也将促使两国调整农产品生产及贸易结构。同时，俄罗斯东部地区也将大豆定位为优质产品，其远东种植的大豆更接近中国传统品种，这将促使俄罗斯充分利用本国农业生产的要素优势，积极高效开展大豆种植，保障大豆的有机品质，满足市场对高质量农产品的需求。

另外，中国从北部边境检查站进口大豆的有关规定得到放宽，按照以往规定，每批许可证只可用于一次清关，现如今最多可以使用到 6 次，而且许可证的有效期为 6 个月且可延长。放宽规则的受益检查站主要有 6 个，其中 5 个位于黑龙江与俄罗斯接壤的边境地区。另外 1 个位于中国与哈萨克斯坦边界，这将在很大程度上推进中俄、中哈在双方大豆市场的深入合作。值得注意的是，哈萨克斯坦 2018 年启动了专门服务中国市场的“北方大豆计划”，该计划将使哈萨克斯坦大豆种植面积在未来 5 年达到 150 万公顷，总产量超过 300 万吨，预计数年后即可实现对华出口，这也是推进中国大豆进口多元化的有力保障。

2. 大豆品质高

从总量来看，自俄罗斯进口大豆虽数量不多，但非常受国内消费者青睐，主要是因为俄罗斯全面禁止种植转基因大豆，对农业生产的监管实施欧盟标准，严格限定农药、肥料的使用量和类别，违者重罚并实施行业禁入，因此俄罗斯大豆拥有生态种植、非转基因、高蛋白的特质，契合中国市场对大豆品质的要求。

3. 基础设施发展快

2019 年，中俄以“一管两桥”为标志的跨境设施建设取得重大进展，中国东北和俄罗斯远东之间将开辟新的国际运输大通道，将会有力推进中俄之间的经贸合作，特别是俄罗斯对中国的大豆出口将实现新的突破。

三、中俄大豆贸易的不利因素

1. 种植技术限制

在中俄大豆的合作种植中，大量企业仍在延续国内小农经营模式，出现技术化水平较低、装备配备不足、经营水平不高等问题，企业面对气候灾害的抵抗力也较差，这些问题直接影响大豆产出，目前还未形成境内外联合发展的大豆规模化产业链。

2. 政府的支持力度不够

目前，能够获得国家对农业“走出去”鼓励扶持政策与措施的只有列入国家重点涉外农业投资合作的项目，小微企业很难申请到，且无差别通关税负也不利于鼓励扶持农业“走出去”。另外，政府对农业“走出去”企业在服务支持或者配合设施、劳动力投入甚至是高素质劳动力等方面支持力度还不够。

3. 回运成本高

从俄罗斯田间地头到俄罗斯海关货场，大豆的运输距离较长、运输成本高。虽已放开全国大豆回运定点加工，但在各口岸分布不均匀，导致部分口岸存在加工能力不足、加工期长、垄断压价等问题。另外，回运大豆的综合税负比境内农业要高50%左右，不合理的税负给企业造成巨大的压力，直接增加了大豆返运成本。

四、中俄大豆贸易的发展路径

中国对大豆的对外依赖很高，但目前俄罗斯还无法满足中国巨大的市场需求。除美洲大豆主产国外，中国很难从国际市场上找到其他大豆进口替代国。未来中俄双方还应进一步加大合作力度，挖掘大豆贸易潜力。

1. 把握发展方向，加大合作力度

中俄两国应当加大农业领域合作力度，积极发展农产品进出口贸易及其他新型农业合作活动。俄方应加快远东地区开发步伐，提高大豆及其他重要粮食作物产量，通过沟通达成共识。依托现有的需求和发展潜力，确定两国农业合作的发展方向和重点，在国家支持下，扩大俄罗斯大豆种植面积，以回运和就地加工两种方式增加俄罗斯大豆在中国市场的份额。在中俄两国农业生产要素充分结合的前提下，将双方互补性优势最大限度地发挥出来，以寻求两国在农业领域的合作双赢。

2. 分解生产用途，寻找优质替代品

从大豆的生产用途入手，充分利用两种资源、两个市场，依托俄罗斯现有产业基础，突出发挥比较优势，最终形成中俄大豆贸易的高效产业链。中国的大豆主要是用于生产豆粕、豆油，其中豆粕是畜牧养殖业的饲料主要原料，豆油是中国食用植物油消费的主要来源。可考虑使用其他蛋白源饲料替代大豆的饲用需求，进口其他植物油替代大豆的油用需求。

3. 优化劳动力资源，减轻税负压力

政府应积极引导企业了解并融入俄罗斯的政治经济环境与人文社会环境，加强对劳动力的教育培训，培养熟练经营业务的专业人才队伍，降低对外合作的法律、市场等风险。另外，积极营造宽松的税负政策环境，在大豆等重点合作领域给予补贴支持，调动大豆相关农业企业的积极性。

延长食糖保障措施实施期限的可行性分析

加入世界贸易组织以来，由于中国农业竞争力不足以及农产品进口关税普遍较低，部分农产品进口增速过快，导致贸易逆差不断扩大，对国内部分产业造成损害和威胁，其中制糖业受到的冲击较为典型。

为此，商务部于 2016 年 9 月 22 日对进口食糖发起了保障措施立案调查，国务院关税税则委员会决定自 2017 年 5 月 22 日起 3 年间，对关税配额外进口食糖产品实施保障措施，具体为：2017 年 5 月 22 日至 2018 年 5 月 21 日，保障措施关税税率为 45%；2018 年 5 月 22 日至 2019 年 5 月 21 日，保障措施关税税率降至 40%；2019 年 5 月 22 日至 2020 年 5 月 21 日，保障措施关税税率进一步降为 35%。

鉴于食糖保障措施实施将于 2020 年 5 月 22 日到期终止，该措施能否继续实施成为各方关注的焦点。本文致力于分析延长食糖保障措施实施期限的可行性，并将结合其实施效果、继续实施保障措施的重要性以及有关法律规定进行论述和说明。

一、食糖保障措施的实施效果

食糖保障措施的实施效果主要体现在三方面：一是食糖进口数量大幅减少；二是国内产业获得一定的恢复和发展；三是社会效益明显。

（一）食糖进口数量大幅减少

1. 绝对进口数量大幅减少

立案及措施实施以来，食糖进口量总体呈下降趋势，2018 年比原审调查期的 2015 年大幅减少 205.05 万吨，降幅 42.31%，2019 年一季度比 2018 年一季度减少 23.06 万吨，降幅 53.04%。

2. 进口占中国市场份额总体大幅下降

立案及措施实施以来，进口食糖占中国市场份额总体呈下降趋势，2018

年比原审调查期的2015年下降了13.67%，2019年一季度比2018年一季度下降6.25%。

（二）中国产业获得一定的恢复和发展

1. 中国食糖产业的整体恢复和发展状况

（1）市场需求保持稳定。立案及措施实施以来，中国食糖的需求量每年基本稳定在1 500万吨左右。除2016/2017年度同比减少1.97%外，2017/2018年度和2018/2019年度同比分别增长1.34%和0.66%。

（2）糖料生产得到恢复和提高。立案及措施实施以来，糖料种植面积总体在扩大，2018年种植2 445万亩[①]，较2016年增长4.81%。糖料总产量持续增长，2018年总产量11 937.41万吨，较2016年增长6.81%。

（3）中国食糖总产量恢复增长。立案及措施实施以来，国内食糖总产量持续增长，2018/2019年度比2015/2016年度增长23.68%。

（4）中国食糖总销量恢复增长。随着产量的恢复增长，国内食糖总销量也在持续增长，2018/2019年度总销量1 041万吨，比2015/2016年度增长28.52%。

（5）整体利润由盈转亏。立案及措施实施以来，国内产业的整体利润状况一度有所好转，2015/2016年度和2016/2017年度制糖期产业整体利润分别为9.1亿元和32亿元，但2017/2018年度和2018/2019年度制糖期产业由盈转亏，整体利润为−19.2亿元和−43亿元。

2. 广西糖业的恢复发展状况

为进一步说明保障措施的实施效果，本文基于广西主产糖区十大糖业集团[②]的食糖生产经营数据做进一步说明。

（1）榨蔗能力、榨蔗量和开工率总体呈增长或上升趋势。榨蔗能力方面，2017年与2016年持平，为6 599.72万吨，2018年榨蔗6 685.72万吨，比2016年增长1.30%；2019年一季度榨蔗5 340.04万吨，同比增长0.73%。实际榨蔗量方面，2018年榨蔗4 325.66万吨，比2016年增长9.44%；2019年一季度榨蔗3 592.93万吨，同比增长9.04%。

开工率方面，2018年开工率达64.7%，比2016年提高4.81%；2019年一季度开工率67.28%，同比提高5.13%。

---

① 亩为非法定计量单位，1亩≈667米^2。——编者注

② 广西十大糖业集团分别是东糖集团、贵港集团、凤糖集团、广西糖业集团、南华糖业、粤桂集团、南宁糖业、中粮糖业、湘桂集团以及东亚集团。

（2）产量总体呈增长趋势。2018 年食糖产量 521.51 万吨，比 2016 年增长 12.90%；2019 年一季度食糖产量 405.29 万吨，同比增长 3.45%。

（3）销售数量总体呈增长趋势。2018 年食糖内销 534.81 万吨，比 2016 年增长 8.60%；2019 年一季度内销 269.53 万吨，同比增长 143.15%。

（4）市场份额总体呈上升趋势。2018 年十大糖业集团所占市场份额达 35.24%，比 2016 年上升 2.82%；2019 年一季度其市场份额高达 71.19%，同比上升 41.51%。

（5）期末库存持续减少。2018 年食糖期末库存 56.64 万吨，比 2016 年减少 13.56%；2019 年一季度期末库存 254.25 万吨，同比减少 26.35%。

（6）销售价格先涨后跌。2017 年食糖国内售价 5 694 元/吨，比上年上涨了 13.73%，但之后持续走低，2018 年售价 4 753.5 元/吨，较 2017 年下降 16.51%；2019 年一季度售价 4 409.6 元/吨，同比下降 14.74%。

（7）销售收入总体大幅增长。2018 年国内销售收入 57.33 亿元，比 2016 年增长 3.11%；2019 年一季度销售收入 118.85 亿元，同比增长 107.30%。

（8）投资收益率先升后降。2017 年投资收益率为 4.03%，同比上升 2.42%。由于 2018 年以来再度亏损，投资收益率也出现明显下滑，2018 年投资收益率为－5.07%，同比下降 9.10%；2019 年一季度投资收益－1.82%，同比下降 1.68%。

（9）人均工资总体稳定增长。2018 年人均工资达 42 147 元，同比增长 5.82%；2019 年一季度人均工资 14 424 元，较上年同期保持稳定。

（10）劳动生产率总体呈上升趋势。2017 年人均劳动生产率为 109.37 吨/人，同比下降 3.55%；2018 年有所上升，劳动生产率达 133.01 吨/人，同比增长 21.61%；2019 年一季度劳动生产率 99.08 吨/人，同比增长 9.44%。

3. 小结

基于以上分析，立案及措施实施以来，国内食糖需求总体保持稳定。在保障措施有效遏制进口增长的同时，国内产业的相关经济指标开始朝着积极的方向发展。这些事实充分表明，保障措施对国内产业的恢复和发展起到了积极作用。

（三）社会效益明显

1. 糖料收购价格大幅提高

在国内产业获得恢复发展的同时，糖料收购价格也在提高。以广西为例，2015/2016 年度制糖期的甘蔗收购价为 440 元/吨，而 2016/2017、2017/2018 和 2018/2019 年度制糖期则分别上调至 480 元/吨、500 元/吨和 490 元/吨。

2018/2019 年度制糖期甘蔗收购价比 2015/2016 年度制糖期收购价每吨增加 50 元，提高了 11.36%。

2. 糖农收入显著增长

糖料收购价格的提高增加了农民收入。全国糖农收入 2018/2019 年度制糖期为 453.3 亿元，比 2015/2016 年度制糖期大幅增长 29.92%。

二、继续实施保障措施的重要性

对于中国食糖产业而言，保障措施能否继续实施是当务之急。下面主要从产业重要性、产业竞争力不足、产业的脆弱性以及全球产业供需状况等方面来进行阐述。

（一）食糖产业关系国家经济安全

长期以来，中国制糖行业以基本满足国内需求为目标。2011 年，国家发展和改革委员会和工业和信息化部下发《食品工业“十二五”发展规划》，针对制糖业提出“坚持‘以国产食糖为主，适当进口食糖补充不足’的平衡原则，国产糖的自给率力争稳定在 85%左右”。

2015 年 5 月 20 日，国家发展和改革委员会和农业部下发《糖料蔗主产区生产发展规划（2015—2020 年）》，再次强调了发展糖料蔗生产的重要意义，“在保障国家粮食安全的前提下，统筹粮糖作物生产，将糖料蔗主产区蔗糖业发展上升为国家战略。”

虽然在全国工业经济总量中，中国食糖产业所占比重相对不高，但为工业消费和民用消费领域的经济增长提供了重要支持和保障，对中国西部经济发展、农村建设也有着非常重要的带动作用。

以广西为例，广西是中国最重要的食糖生产基地，在保证国家食糖有效供给和维护国家食糖安全方面起到了不可替代的作用。自 1992 年起，广西糖料蔗和蔗糖产量一直居全国首位，食糖产量均占全国总产量的 60%以上，食糖外销量占全国跨省贸易量的 80%以上。而且，广西糖业在工业反哺农业、实现农民快速增收、推进农业现代化建设、节能减排、建设糖业循环经济产业链方面都取得了很好的成效，已成为广西国民经济的重要组成部分和主要经济增长点，是重要的优势产业和支柱产业。

因此，中国食糖产业的健康发展关系到国家经济安全和地方经济的发展。

（二）食糖产业是涉及老少边穷地区脱贫致富的重要产业

受气候、地理条件和农民种植习惯的约束，中国糖料种植（尤其是甘蔗）分布在 15 个省份的老少边穷地区或经济欠发达的西部贫困地区，是当地农民主要的经济作物之一，尚无其他大宗农作物可实现替代。目前，全国有 4 000 万农民以种植糖料为生。

糖料生产不同于粮食、棉花、玉米等大宗农作物，受地域、时间限制较大，对砍、收、榨的条件要求较高，糖料不具备商品属性，不能上市流通，只能在 30 千米左右范围内交给制糖企业加工生产成食糖之后销售，才能实现其商品价值。

可见，制糖业是典型的农产品加工业，制糖生产与糖料种植唇齿相依，农民利益通过制糖企业实现，制糖企业获得合理利润后亦可反哺农业，促进糖料种植结构实现调整，带动农业稳定发展。制糖业还涉及 40 万产业工人就业，并已构成地方政府税收和维护社会稳定的重要组成部分。

同时，制糖业也是脱贫攻坚的重要抓手。以广西为例：广西糖业涉及 14 个国家级脱贫攻坚重点县、8 个省级脱贫攻坚县和 6 个边境县，仅国家级脱贫攻坚重点县和省级脱贫攻坚县的建档立卡贫困户就有 123 万户。另外，云南是全国第二大产糖地，食糖产量占全国 20%以上。2015/2016 榨季，云南省 129 个县有 43 个县种植甘蔗，全省 73 个国家级贫困县中有 32 个县种植甘蔗，占全省的 44%。近年来，在糖价出现大幅下滑的情况下，为了保护广大蔗农的利益，国内制糖企业仍然维持较高的糖料收购价，确保与全国同步完成脱贫攻坚任务。

因此，中国食糖产业的可持续性发展对带动农民就业、增加农民收入、促进和维护老少边穷地区的经济发展和社会稳定至关重要，在脱贫攻坚和乡村振兴战略实施中发挥着重要作用。

（三）中国食糖产业基础薄弱，国际竞争力不足

由国情所决定，中国糖料基地多为贫瘠旱坡地，基础设施、技术运用和机械化推广面临许多客观制约，农业生产效率低，加上人工、物资、租金、税收以及相关费用的上涨，导致糖料收购成本是巴西、泰国等食糖主产国的两倍。

糖料成本占食糖生产成本的 70%～80%，决定了制糖生产成本。在糖料成本逐年提高的情况下，导致制糖成本高居不下。另外，制糖企业还承担着本是政府应该承担的社会责任，如无偿支农、改造蔗区条件、修路建设等。

但是，中国糖价并不是完全依据成本定价，而是与国际市场紧密接轨，受

纽约原糖期货和伦敦白糖期货的国际糖价影响更大，导致经常出现价格成本倒挂、国内食糖减产却不增收的怪象。

因此，在成本不存在竞争优势、糖价又没有定价权的背景下，中国制糖业在国际市场竞争中处于明显劣势。而且，中国食糖进口关税水平较低，配额内进口关税15%，配额外进口关税50%，远低于WTO成员97%的平均进口关税水平。即使加上进口关税，进口糖也仍比国产糖具有价格竞争优势。

（四）中国产业目前非常脆弱且处于结构调整的关键时期

2018年以来，中国糖价大幅下滑，当前糖价远低于生产成本，食糖产业再度全面亏损，亏损程度持续加剧。如果没有保障措施在一定程度上遏制进口的冲击，中国产业处境会更加困难。

现阶段为提高产业竞争力，各级政府、协会和企业尝试在糖料基地建设、耕作机械化操作、原料收购价格机制、生产技术水平、产品质量、企业兼并重组、服务体系等方面进行调整、规划和落实。因此，国内产业正处在结构调整的关键时期，更需要良好的外部环境作为保障。

（五）全球食糖供应严重过剩，糖价大幅下滑，国内产业面临进口冲击的巨大威胁

2016/2017年度制糖期以来，全球食糖进入新一轮增产周期，巴西、泰国、印度等主产糖国大幅增产，导致国际食糖市场严重供过于求。根据美国农业部披露的数据，2016/2017年度制糖期全球过剩产量为243.3万吨，2017/2018年度榨季为1 692.7万吨，2018/2019年度制糖期为991.6万吨。

在市场环境不断恶化的形势下，国际食糖期货价格从23.10美分/磅*一路下跌，最低点一度跌至10.69美分/磅，下跌幅度达53.7%。目前，国际糖价虽有反弹，但仍在12～13美分/磅之间徘徊，处于极低水平。

按照目前的国际糖价及85%的关税（50%正常进口关税＋35%保障措施征收）计算，配额外进口原糖加工后的成本价格约为5 300元/吨。但是，如果不考虑保障措施征收的关税，进口原糖加工后的成本价格仅为3 900元/吨，与国产糖的价差将达到1 000元/吨左右。

因此，如果终止保障措施，全球大量低价的食糖可能会大量涌入中国市场，国内糖业将面临进口冲击和威胁。

---

* 磅为非法定计量单位，1磅≈453.6克。——编者注

（六）小结

综合以上，国内食糖产业发展关系国家经济安全，对老少边穷地区农民精准扶贫、农村社会稳定、地方经济发展都有重要意义。当前中国食糖产业基础条件非常薄弱，国际竞争力相对较弱，需要国家加以重视和保护。

在当前国内糖价大幅下跌的形势下，国内产业的脆弱性已经再次体现，整个产业再度全面亏损。如果没有保障措施遏制部分进口产品的冲击，国内产业面临的损害可能会更加严重。

但是，国际市场环境依然不容乐观，食糖主产国（地区）产量严重过剩，国际糖价大幅下滑并处于极低水平。将来，如果取消保障措施，全球大量过剩的食糖产量势必会大量低价涌入中国市场，并对国内产业造成更加严重的损害。

因此，继续实施保障措施仍非常必要，可以为国内产业的健康发展提供良好的外部环境，为国内产业的调整争取更多的时间，免遭进口产品的进一步冲击和威胁。

三、延长保障措施实施期限的可行性分析

（一）法律依据

根据 WTO《保障措施协定》第 7.2 条规定，保障措施的期限可以延长，但应符合 4 个条件：①按照第 2～5 条规定的程序调查；②保障措施对于防止或补救严重损害仍然有必要；③有证据表明国内产业正在调整；④履行有关减让和通知的义务。

中国《保障措施条例》第 26 条也做了类似的规定，应符合 4 个条件，包括①如果保障措施对于防止或者补救严重损害仍然有必要；②有证据表明相关国内产业正在进行调整；③调查机关也履行有关对外通知、磋商的义务；④延长后的措施不严于延长前的措施，那么保障措施的实施期限可以适当延长。①和②是实体要件，③和④是程序要件。

另外，根据 WTO《保障措施协定》及中国《保障措施条例》的相关条文规定，保障措施的实施期限不超过 4 年，但通过延长，保障措施的实施期限及其延长期限最长不超过 10 年。

而且，延长保障措施的实施期限也有大量的案例支持。根据 WTO 对外披露的官方数据，1996—2018 年，全球立案并采取保障措施的案件共有 172 起。根据不完全数据统计，全球至少有 35 起案件涉及保障措施实施期限的延长，

占所有案件的比例为 20%。

因此，本文认为，延长保障措施的实施期限有法可依，也有案例支持。下文结合法律规定的两个实体要件，对延长食糖保障措施实施期限的可行性做进一步分析和说明。

（二）食糖保障措施对于防止或补救严重损害仍有必要

1. 如果终止保障措施，食糖进口数量增长的可能性分析

（1）在既有保障措施的情况下，食糖进口数量仍处于较高水平且后期出现大幅反弹，一旦终止保障措施，进口数量很可能会进一步增长。立案及措施实施以来，食糖进口数量总体呈大幅下降趋势，但每年仍维持在 200 万吨以上的较高水平，明显超过中国 194.5 万吨的进口配额。

而且，随着保障措施关税税率由 45%逐步放宽至 35%，2018 年以来食糖进口数量已经连续增长。2018 年，进口数量为 279.54 万吨，同比增长 22.06%。2019 年 1—9 月，进口数量为 239.25 万吨，比上年同期增长 22.29%。在这种变化趋势下，如果终止保障措施，解除保障措施对进口产品的约束，食糖进口数量极有可能会大幅增长。

（2）中国是全球主要的食糖消费市场之一，在全球食糖市场供大于需的背景之下，中国市场对国外厂商具有极大吸引力，增加了进口大幅增长的可能性。全球食糖市场自 2016/2017 年度以来连续供过于求，2018/2019 年度过剩产量比 2016/2017 年度增长了 308%。全球消费量超过 1 000 万吨的国家（地区）共有 5 个，包括印度、欧盟、中国、美国和巴西，2018/2019 年度这 5 个国家（地区）的合计消费量占全球比例约为 47%，其他消费市场相对分散。

而且，在上述 5 个国家（地区）中，印度、欧盟和巴西的市场是饱和的，产量还大量对外出口，只有中国和美国供不足需，需依靠进口适当补充，中国消费占全球消费量的比例达到 15%。

因此，综合消费量的规模以及本土市场供需的表现来看，中国在全球市场上无疑极具吸引力。

（3）主要对华出口国的生产、消费和出口情况表明，如果终止保障措施，其很可能会重新增加对中国市场的出口。保障措施实施以前，巴西、泰国、古巴、澳大利亚、危地马拉、韩国是中国食糖主要进口来源国，合计占中国食糖总进口数量的比例高达 97.51%。与保障措施原审调查期的 2015 年相比，2018 年自上述国家的进口量均有不同程度下降，其中，自巴西进口减少 73%，自泰国减少 52%，自古巴减少 28%，自澳大利亚减少 59%，自危地马拉减少 96%，自韩国减少 2%。即便如此，保障措施实施期间，这 6 个国家依然是中

国食糖的主要进口来源国。

根据美国农业部的统计数据，上述国家除韩国（无统计数据）外存在共同的特征，即本土市场严重供大于需，过剩产量处于极高水平；严重依赖出口市场，且在国际市场上具有明显的竞争优势。

在全球严重供过于求的背景下，需求总量巨大的中国市场势必成为这些主要出口国的重点争夺对象。一旦终止保障措施，这些主要出口国大量的过剩产量必然会更多地涌入中国市场，其对中国出口食糖的能力将大大提高，对中国的出口数量会大幅增长。

（4）国外食糖具有价格竞争优势，提高了其对中国出口增加的可能性。根据保障措施原审案件裁定，进口食糖与以中国糖料生产的食糖在价格方面具有联动性，进口原糖和国际原糖价格与中国国内成品糖价格高度相关。价格是用户作出采购决定的主要考虑因素。

数据显示，在不考虑保障措施关税税率的情况下，国际糖价与国产成品糖的生产成本由 2016 年的每吨高 756.83 元下降至 2019 年一季度的每吨低 760.49 元，国际食糖价格与国产成品糖的销售价格则由 2016 年的每吨高 123.64 元下降至 2019 年一季度的每吨低 535.43 元。

因此，如果终止保障措施，在国际糖价具有明显优势的情况下，全球过剩食糖产量势必会重新大量低价涌入中国市场，对中国出口增加的可能性大大提高。

（5）主要出口国对中国市场的销售具有竞争优势，加大了其对中国出口增加的可能性。由于长期以来在中国市场占据进口主导地位，巴西、泰国、韩国、澳大利亚、古巴、危地马拉等国的食糖生产商/出口商对中国市场非常熟悉，其在中国市场通路、销售渠道仍十分健全。一旦终止保障措施，国外厂商很可能利用其熟悉的销售渠道和客户群体迅速扩大对中国出口，加大其对中国出口增加的可能性。

（6）小结。综合上述分析表明，中国市场对国外厂商具有极大的吸引力，即使受保障措施的约束，国外厂商仍然紧密关注着中国市场。在国际糖价极具竞争优势的情况下，如果终止保障措施，食糖进口数量很可能会大幅增长。

2. 如果终止保障措施，国内产业继续或再度遭受严重损害的可能性分析

（1）立案及措施实施以来，国内产业获得了一定程度的恢复和发展，与保障措施存在明显的关联性。如上文所述，立案及措施实施以来，国内产业的相关经济指标呈积极、向上的发展趋势，国内产业的恢复发展，包括国内糖料种植面积和总产量、国内食糖总产量和总销量、给农民带来的收入，以及以广西十大糖业集团为代表的国内产业的榨蔗能力、实际榨蔗量、开工率、产量、销售数量、市场份额、期末库存、销售收入、投资总额、人均工资、劳动生产率等，都呈现出不同程度的增长或上升趋势，期末库存也呈下降趋势，甚至在2016年和2017年一度扭亏为盈。

这些经济指标的积极表现与保障措施有效遏制进口数量增长存在关联性。如果没有保障措施，国内产业之前遭受的严重损害可能会进一步加剧。

（2）即使有保障措施，国内产业对食糖进口变化仍然非常敏感。2018年以来，国内产业生产经营非常困难，销售价格较上年下降了16.52%，2019年一季度同比下降14.74%，导致同期国内产业再度严重亏损，2018年和2019年一季度的亏损额分别为23.16亿元和10.12亿元。

而且，国内产业表现出来的脆弱性与食糖进口变化存在关联性。一方面，2018年以来进口量的大幅增加、市场份额的回升与国内产业相关经营指标的恶化在时间上呈同步对应关系。另一方面，国产食糖的销售价格与食糖进口价格存在联动关系，进口价格大幅下降拉低和抑制了国内同类产品的价格。因此，即使有保障措施，国内产业对食糖进口变化仍然非常敏感。

（3）终止保障措施后，进口食糖可能对国内产业的影响。从保障措施立案和裁决前后的表现来看，食糖进口数量和国内食糖总产量在趋势上总体呈现“此消彼长”的变化关系。国内消费量每年基本维持在1 500万吨，如果终止保障措施，国外大量过剩食糖将重新低价涌入中国市场，势必会扰乱国内市场秩序。

届时，国内产业的糖料种植面积、糖料产量、榨蔗能力、榨蔗量、产量、开工率都会受到负面影响。由于市场受到挤占，将会导致销量大幅下滑，期末库存可能大幅增长，销售价格可能会因为竞争加剧而再次下降并继续与成本倒挂，进而造成销售收入下降、亏损加剧、投资收益率下降、现金流出加大，并带来就业人数减少、工人工资下降等后果，国内产业将持续受到严重损害。

3. 结论

综合上述情况分析，可以得出：如果终止保障措施，进口食糖的数量将会大幅增长，有可能再度或持续对目前极为脆弱的国内产业造成严重损害。因此，食糖保障措施对于防止出现损害或补救已受损害很有必要。

（三）正在进行调整的国内食糖产业

1. 糖料基地建设的规划

根据2015年国家发展和改革委员会、农业部联合印发的《糖料蔗主产区生产发展规划（2015—2020年）》（简称《发展规划》），国家对广西、云南两省（自治区）蔗区进行了规划，“到2020年两省（自治区）糖料蔗面积稳定在

2 100万亩，总产量达到10 400万吨，比基期（2011—2013年的平均数）增加635万吨，平均单产水平4.8吨以上。其中，糖料蔗生产核心基地单产水平达到6吨以上。良种覆盖率提高到95%以上，商品化供种水平提高到85%，分别比基期提高10 %、5 %”。同时，“到2020年，建设糖料核心基地700万亩”。根据规划，广西种植面积将稳定在1 600万亩以上，糖料核心基地（“双高”基地）700万亩，云南种植面积稳定在500万亩以上，糖料核心基地200万亩。

另外，2017年4月，国务院出台《关于建立粮食生产功能区和重要农产品生产保护区的指导意见》，国家以广西、云南为重点划定糖料蔗生产保护区1 500万亩。2019年，中央1号文件提出“将糖料蔗‘双高’基地建设范围覆盖到划定的所有保护区”。这也就意味着，未来在广西和云南地区将新增800万亩的“双高”基地建设目标。

另外，内蒙古农牧业厅于2017年12月发布《关于内蒙古甜菜产业发展指导意见》，提出“优化区域布局的产业发展计划，重点发展中东部甜菜优势产区，振兴和发展西部甜菜种植适宜区”，计划“到2020年，全区甜菜种植面积达到120万亩以上，亩产达到3 600千克，总产达到430万吨以上，产糖50万吨以上。”

2. 耕作机械化的推广

根据《发展规划》，广西和云南地区糖料蔗产区将“推进全程机械化”，其中“收获环节机械化水平由2013年的不足4%提高到2020年的16%”，其中广西由4.3%提高到15.8%，云南由0.3%提高到16.2%。

2017年6月，农业部、国家发展和改革委员会、财政部、工业和信息化部等部门联合制定《推进广西甘蔗生产全程机械化行动方案（2017—2020年）》，该方案规划，“到2020年（即2020/2021年榨季），500万亩‘双高’基地糖料蔗生产综合机械化水平达到80%，其中机耕、机种、机收水平分别达到98%、85%、50%。机械化中耕培土水平达到70%。带动蔗区收获机械化率提高到16%。”

另外，根据内蒙古农牧业厅于2017年12月发布的《关于内蒙古甜菜产业发展指导意见》，内蒙古致力于在甜菜“大力推进机械化，提高机械化作业水平。在土地资源相对集中、经济效益好、甜菜规模化种植面积大的地区，推广发展大型农机具作业，选用先进农业机械，以提高作业效率、降低生产成本”。

3. 良种繁育体系建设与综合农艺技术推广

根据《发展规划》，国家致力于良种繁育体系建设与综合农艺技术推广，将“加快国内外糖料蔗品种的引进、筛选和培育”，并“结合核心生产基地及现有繁育基地布局，改造建设良种繁育基地 58 万亩，其中广西 41.5 万亩，云南 16.5 万亩，建立健全能够覆盖主要蔗区的三级专业化良种扩繁体系”，将“大力推广温水脱毒（组培脱毒）健康种苗，重点应用以‘节水抗旱技术’和‘秋冬植’为主的高产技术、可降解地膜全膜覆盖技术、复合施肥技术、病虫害综合防治技术等。”

4. 糖料收购制度的市场转变

2019 年 4 月，广西壮族自治区人民政府发布《关于深化体制机制改革加快糖业高质量发展的意见》，开始“深化糖料蔗购销体制改革，在全区范围内全面推行规范化订单农业。充分尊重种植主和制糖企业的自主权，由双方签订糖料蔗订单合同，明确糖料蔗收购价格、收购范围等，鼓励糖料蔗收购按质论价。”

5. 制糖技术水平的提高和先进生产设备的引进

根据中国糖业协会 2017 年 10 月发布的《糖业转型升级行动计划（2018—2022 年）》，中国制糖企业将“深入开展对标与升级改造，提高制糖生产绩效”，“通过加大科技资金投入，采用国内外先进技术、先进工艺、先进装备升级改造，加强企业管理，达到赶超标杆、提升生产绩效的目的。到 2022 年，通过对标与升级改造，使全行业吨糖成本降低 2%～5%”。同时，制糖企业将“推行绿色制造技术，降低能耗和污染排放”，“到 2022 年，通过推行绿色制造技术，全行业百吨糖料能耗下降 10%，吨糖料耗水下降 20%，吨糖 COD 排放下降 30%。”

6. 食糖产品质量的提升和保障

食糖产品质量的提升保障表现在 3 个方面：一是制定更加严格的产品质量标准，包括《原糖》（GB/T 15108—2017）、《白砂糖》（GB/T 317—2018）、《绵白糖》（GB/T 1445—2018）、《红糖》（GB/T 35885—2018）；二是企业在执行国家标准的基础上，通过改进生产工艺进一步提升产品的质量；三是企业增加对监测设备的投入，加强产品监管，如引进近红外快速检测设备等。

7. 制糖企业生产经营模式的转变

根据《发展规划》，国家“鼓励糖企参与生产基地‘第一车间’建设，引导糖企成为良种、高产栽培技术及农机化推广主体。积极促进生产基地与糖企互相参股，促进种植加工一体化发展，完善利益分配机制，实现产业链互利共赢”。

根据 2019 年广西壮族自治区人民政府发布《关于深化体制机制改革加快糖业高质量发展的意见》，广西政府将积极“推动制糖企业战略重组。坚持企业市场主体地位一律平等的原则，以市场为导向，以资本为纽带，加快推动企业兼并重组，促进糖业跨行业、跨地区、跨所有制战略性重组，提高产业集中度，提升综合竞争力”。2016 年以来，广西制糖企业集团已经由 17 家减少到目前的 12 家。

8. 完善糖业发展服务体系

近年来，国内食糖产业物流和营销体系进一步健全，形成了生产与消费有效衔接、灵活多样的现代流通模式，食糖行业“重生产轻营销”的观念在逐步转变。制糖企业通过直销模式、电子商务模式销往全国各地的食糖数量不断增加，部分制糖企业已实现直接向大中型终端企业供货，极大地降低了流通费用。

2017 年，广西十大糖业集团和中国—东盟信息港股份有限公司共同出资组建了广西泛糖科技有限公司，着力于将传统制糖行业与互联网产业融会贯通，为食糖产业链上下游高质量发展构建综合服务平台，努力实现糖业农工贸一体化和全行业的信息化、数字化。

基于上述分析和说明，国内产业目前正处在产业结构调整的重要阶段。在这种背景下，如果终止保障措施，食糖进口数量的大幅增长将会严重削弱国内产业致力于调整的目标和规划。

四、结论和建议

保障措施的实施有效遏制了进口数量的增长，对国内食糖产业的恢复和发展起到了积极的作用，也产生了明显的社会效益，带动了农民收入增长，维护了社会稳定。保障措施的有效实施与国内产业的恢复发展存在明显的关联性。

鉴于食糖保障措施即将到期，考虑到产业的重要性、产业竞争力不足、产业目前非常脆弱以及全球产业供需状况等，继续食糖保障措施仍然意义重大，可以为产业的健康发展继续保驾护航，为产业结构调整提供良好的外部环境保障。

而且，延长食糖保障措施的实施期限既有法律依据，也有各国实践支持。通过相关事实的分析和说明也可以得出，食糖保障措施对于防止或者补救严重损害仍然有必要，且证据表明国内食糖产业目前正在进行产业调整。

因此，本文认为延长食糖保障措施的实施期限有理有据，并且具有迫切性。考虑到复审调查期限和裁决的时效性，商务部应尽快启动保障措施复审调查，通过延长保障措施的实施期限来对国内食糖产业加以保护，建议保障措施继续实施的期限为 4 年。

2019 年国内外肉类贸易变化及影响

近年来，中国肉类进口规模呈现明显扩大趋势，2019 年肉类产品进口量预计将达到 738.5 万吨，同比增长 34.7%。从结构来看，猪肉占肉类进口量的比重最大，为 38.2%；其次为牛肉，占 35.3%；禽肉第三，占 20.4%；羊肉占 5.0%。从发展趋势看，猪肉和牛肉的进口份额还将继续增加，禽肉进口份额呈下降趋势。中国是世界畜产品生产和消费大国，随着经济发展，未来畜产品的消费还有较大的上升空间，进口依存度可能会继续提高。因此，要有效利用肉类产品进口带来的积极影响，以促进中国畜牧业良好发展；同时也要更好地规避肉类产品进口对国内的冲击效应，防范进口对国内产业带来不利影响。

一、2019 年世界肉类贸易情况

近年来世界肉类贸易量一路攀升，据联合国粮食及农业组织数据，2018 年世界肉类贸易量为 3 378.7 万吨，2019 年预计将增至 3 604.2 万吨，同比增长 6.6%，牛肉、猪肉和禽肉贸易量均增加，羊肉贸易量稳定。

（一）猪肉

2019 年世界猪肉贸易量明显增加。进口方面，预计世界猪肉进口量为 935 万吨，同比增长 12.2%，主要猪肉净进口国为中国、意大利、日本、波兰、韩国等。中国猪肉进口增加是世界猪肉进口增加的主要原因，预计将达到 281.9 万吨，同比增长 46.5%。出口方面，世界猪肉出口量预计为 940.3 万吨，同比增长 12.2%。欧盟猪肉出口增幅较大，出口量预计为 340.1 万吨，同比增长 16.6%；美国猪肉出口略有增加，为 283.6 万吨，同比增长 11.5%；加拿大猪肉出口略有增加，出口量为 130.4 万吨，同比增长 1.6%。欧洲、美洲是世界猪肉产品出口贸易集中地区，猪肉产品贸易量占世界猪肉产品贸易总量的比重为 95%以上。其中，在世界猪肉产品贸易中占据绝对主导地位的是北美洲，2019 年其猪肉产品出口量占世界总出口的 44%；欧洲是世界猪肉产品的第二大主要出口区域，出口的猪肉产品占世界猪肉产品出口总量的 38%；南美洲是世界猪肉产品的第三大出口区域，其猪肉产品出口量占世界出口猪肉产品总量的比重为13%。世界猪肉贸易洲际间流动主要是从欧洲与美洲流向亚洲，趋势较为明显。

随着世界猪肉产量、需求量的增加，世界猪肉贸易量也逐步增加。从猪肉贸易发展历史来看，世界猪肉贸易大概经历了4个阶段：一是20世纪60年代至70年代末的高速增长阶段。1961—1979年，世界猪肉进口量从17.9万吨增至119.8万吨，年均增长11.3%；出口量从19.4万吨增至134.8万吨，年均增长11.3%。二是温和增长阶段。80年代进口量从1981年的130.3万吨增至1989年的242.2万吨，年均增长8.0%；出口量从148.4万吨增至233.1万吨，年均增长5.8%。三是慢速增长阶段。90年代进出口增速明显放缓，进口量从245.2万吨增至272.6万吨，年均增长1.3%；出口量从1991年的248.5万吨增至1999年的281.4万吨，年均增长1.6%。四是进出口再次加速阶段。进口量从2000年的260.5万吨增至2019年的935万吨，年均增长15.3%；出口量从2000年的248.9万吨增至2019年的940.3万吨，年均增长15.9%。总体看，世界猪肉贸易洲际间流动主要是从欧洲与美洲流向亚洲，趋势较为明显。从出口国别看，德国、美国、西班牙、丹麦、加拿大、荷兰等为猪肉主要出口国，世界主要猪肉净进口国为中国、意大利、日本、墨西哥、波兰、韩国等。

（二）牛肉

2019年世界牛肉贸易明显增加。进口方面，世界牛肉进口量预计为1 059.1万吨，同比增长6.0%。中国国内供应偏紧，牛肉进口持续增长，预计将达到260.8万吨，同比增长29.3%；美国牛肉进口量为132.1万吨，同比增长1.1%；俄罗斯牛肉进口明显减少，进口量为41万吨，同比减少11.3%。出口方面，世界牛肉出口量预计为1 107.4万吨，同比增长6.0%。巴西牛肉出口增加至219.4万吨，同比增长10.3%，由于出栏肉牛增加，牛肉供应充足，且价格稳定，巴西牛肉竞争力提高；凭借丰富的供应和价格优势，印度牛肉出口量为151万吨，同比增长4.5%；澳大利亚和新西兰的牛肉出口都有所增加，分别达到154.1万吨和58.9万吨，同比分别增长1.8%和2.4%。从贸易格局来看，当前牛肉出口的主要国家是澳大利亚、印度、巴西、美国等；主要进口国有中国、美国、日本和俄罗斯等。亚洲牛肉进口需求旺盛，特别是中国，已经成为主要牛肉进口市场。

（三）羊肉

2019年世界羊肉出口比较稳定，出口量预计为103.1万吨，同比基本持平。澳大利亚和新西兰是世界最主要的羊肉出口国，羊肉出口量占世界羊肉出口总量的 87%，2019 年出口量分别为 48.8 万吨和 40.4 万吨，同比分别减少 1.0%和 1.2%。澳大利亚和新西兰的供求趋紧使得印度、巴基斯坦等国的羊肉出口增加。进口方面，羊肉进口仍主要集中在中国、欧盟和美国，2019 年进口量分别为 36.6 万吨、12.3 万吨和 11.7 万吨，同比分别增长 5.2%、-1.6%和-17.6%。亚洲是羊肉的主要进口地区，占世界羊肉进口量的 67%；大洋洲是羊肉主要出口地区，占世界羊肉出口量的 87%。

（四）禽肉

2019 年世界禽肉出口增加，出口量预计为 1 408.1 万吨，同比增长 4.4%。巴西、美国、欧盟、泰国是主要出口国家（地区）。巴西受益于国际需求增长以及未受禽流感疫情影响，出口增长 5%，达到 424.8 万吨；美国由于国内产量增加，因禽流感疫情封关逐步解除，出口增长 1%，达到 388.5 万吨；欧盟出口增加明显，增长 4.5%；泰国对日本、欧盟等国家和地区高端熟制产品的出口增加 12%，达到 127.4 万吨。进口方面，2019 年禽肉进口量预计为 1 321.2 万吨，同比增长 4.4%，进口仍主要集中在中国、日本、沙特阿拉伯、墨西哥等国，中国进口量预计达到 151.3 万吨，同比增长 33.9%。2019 年，越南、墨西哥、智利、阿拉伯联合酋长国、伊拉克、韩国、新加坡等国家因国内需求旺盛，进口增加；俄罗斯因国内生产可以实现自给以及特殊的国家禁运令，进口减少。

二、2019 年国内肉类贸易形势

2008 年起，中国成为猪肉净进口国，2016 年成为全球最大的猪肉进口国。猪肉进口量从 2008 年的 37.3 万吨增至 2016 年的 162 万吨，2017—2019 年猪肉进口呈现明显增长态势。2019 年中国肉类产品进口明显增长。进口生猪产品 312.8 万吨，同比增长 45.2%；进口额 65.5 亿美元，同比增长 80.7%。其中，鲜冷冻猪肉进口量 199.4 万吨，同比增长 67.2%，进口额 45.1 亿美元，同比增长 117.4%，占生猪产品进口总额的 68.8%；猪杂碎进口量 113.2 万吨，同比增长 17.9%，进口额 20.2 亿美元，同比增长 32.2%。进口猪肉主要来自西班牙、德国、美国和巴西，累计进口量分别为 38.2 万吨、32.3 万吨、24.5 万吨和 22.2 万吨，同比分别增长 73.8%、41.5%、186.0%和 48.0%，合计占进口总量的 60%。牛肉进口量 165.9 万吨，同比增长 60.0%，进口额 82.3 亿美元，同比增长 71.4%，主要进口来源国为巴西（占进口总量的

24.1%）、阿根廷（占 22.6%）、澳大利亚（占 18.5%）、乌拉圭（占 17.2%）、新西兰（占 12.9%），这 5 国进口量占总进口量的 95.3%。羊肉进口量 39.2 万吨，同比增长 23.0%，进口额 18.6 亿美元，同比增长 42.2%，主要进口来源国为新西兰（占进口总量的 53.4%）、澳大利亚（占 44.2%）。禽肉进口量 79.7 万吨，同比增长 58.0%，进口额 20.6 亿美元，同比增长 75.8%；进口来源国主要为巴西（占进口总量的 67.5%）、阿根廷（占 10.2%）、泰国（占 9.1%）和智利（占 4.9%）。

中国猪肉进口市场相对分散。2/3 的进口猪肉来自欧盟，北美仅少数年份是最主要进口来源国。欧洲一直是中国猪肉进口的主要来源，中国累计从欧盟进口猪肉占总进口的 60%以上，主要来自德国、西班牙和丹麦；北美是第二大进口来源，美国和加拿大累计占 30%以上，美国仅在 2008 年和 2011 年国内猪价较高时猪肉出口占比较大；近两年中国自南美国家进口份额迅速提升，开始成为主要进口来源之一。

2019 年，受非洲猪瘟疫情、猪周期以及环保限产等因素影响，中国生猪产能明显下降，预计全年猪肉产量将减少 1 000 万～1 200 万吨，相当于约 1 亿头猪。产能下降导致供求形势紧张，带动猪肉进口大幅增长，同时带动了作为替代品的禽肉和牛羊肉进口明显增长。预计 2020 年，由于生猪产能恢复还需要一个过程，猪肉进口量仍将保持高位，预计可能增至 300 万吨，禽肉、牛羊肉也将保持一定数量的进口。目前中国猪肉进口量占总供给量不足 5%，世界猪肉产品总出口量仅占中国猪肉需求总量的 15%左右，因此保证国内猪肉产品供应仍然主要依靠国内生猪产能恢复。

三、肉类产品进口对中国产业的影响

（一）进口对肉类产业的促进效应

1. 缓解中国市场消费供求压力

2019 年中国猪肉产能继续下降，造成市场供需紧张，猪价上涨带动肉类价格全面上涨。11 月猪肉平均价格为 54.9 元/千克，较 1 月上涨了 1.4 倍。为缓解市场供应压力，一方面，国内通过扩大猪肉和牛羊肉等替代品进口，增加了肉类产品市场供给；另一方面，妥善实施冻猪肉储备投放，2019 年 9 月至 12 月，中央政府共计投放冻猪肉储备 17 万吨，确保整体肉类市场供应基本充足。

2. 增加肉类加工业原料供给能力

进口一定数量的肉类产品，可以解决相关肉类加工业发展对原料需求的瓶颈问题，缓解国内原料数量不足、质量偏低的问题，有助于促进国内相关畜产品加工业的发展。肉制品加工业在畜产品加工业中占有重要地位，目前国内原料肉的供给在质量上不能满足市场不断提高的需求。肉类产品进口满足了国内相关加工业对原料的需求，增加了国内产品供应，一定程度上缓解了国内畜牧业资源和环境压力。

（二）进口对肉类产业的冲击效应

1. 进口依存度增加，市场经营风险加大

中国猪牛羊禽肉等肉类产品的进口依存度逐步提高，一定程度上增强了国内外市场之间的联动，国际市场的供需及价格波动等因素很容易传导到国内，对国内市场产生影响，加大了国内市场的经营风险；也使得中国净进口畜产品加工企业受制于人，影响产业的健康发展。

2. 挤占国内肉类产品市场空间，抑制国内生产发展

近年来中国肉类产量增长缓慢，特别是牛羊肉产量持续小幅增长态势，与进口产品挤占了国内新增市场需求有很大关系。特别是进口产品凭借其价格和质量优势，对国内市场形成冲击，导致养殖户的生产积极性受挫，影响养殖户的经济利益。

四、政策建议

（一）建立肉类进口有效调控机制

适量进口猪肉可以在国内市场供需偏紧时缓解供给压力，有效调节中国猪肉价格，平抑国内价格波动，还可以节省中国玉米等饲料的消耗，减轻环保压力，促进中国生态环境可持续发展。未来肉类产品进口将成为常态，需要建立合适的调控机制，以减少对国内市场的冲击。随着中国与更多国家签订国际订单，国际肉类产品优势将长期存在，肉类净进口将持续保持高位。因此要不断完善中国肉类产业预警体系，为生产者提供更多获得市场信息资源的渠道，及时向社会发布肉类进口预警信息，合理引导市场进口猪肉，这样既能够平抑肉价，又要防止过度进口冲击国内市场。

（二）提高国内肉类产品竞争力及合理产能

国际肉类产品的价格优势得益于其较高的竞争力及合理的产能。中国应进一步加大畜产品科技投入，增加单产、提高品质，促进产能恢复。对生猪等主要肉类产品生产采取扶持政策，保障有效供给，除继续扶持标准化规模养殖、支持良种繁育、奖励生猪调出大县、推行能繁母猪保险、促进产业化发展外，还应该为养殖户提供贷款和融资渠道，为养殖户在发展低谷时期提供无息或低息周转贷款，帮助养殖户渡过难关，特别是对于环保型的养殖户设施建设给予财政补贴。

（三）推动肉类产品进口来源多元化

中国肉类产品进口依存度高，国内市场与国际市场存在较强的关联性，且肉类产品进口市场结构相对集中。为了消除集中度过高带来的不利影响，应着力引导国内肉类产品进出口企业加强与他国主产区的供应商建立稳定的贸易联系，以获得更加多元化的国际采购渠道，逐步降低对欧盟、澳大利亚、美国、新西兰等少数国家（地区）肉类产品的过高进口市场集中度，强化利用进口来源国之间的竞争关系，提高进口的可调控能力。短期来看，俄罗斯、智利、墨西哥、阿根廷、爱尔兰、英国等国家猪肉出口具有进一步开发的潜力，可适当增加对其进口，弥补国内猪肉供给缺口。

（四）合理引导肉类消费结构和消费习惯转变

其他肉类的替代供应能够弥补部分猪肉缺口，其中补充效果最好、见效最快的就是禽肉，因为禽类生长周期短，禽肉产能充分释放后预计能够补充200万吨的猪肉缺口。可通过宣传引导中国肉类的消费结构向禽肉倾斜，中国的禽肉比例约占整个肉类的23%，未来预计可以达到30%以上。此外，引导消费习惯向冷鲜肉和深加工肉制品转变，缓解南方销区热鲜肉供给偏紧局面，调节区域间和季节间供给不平衡。

（五）实施相应的稳定肉类产品价格宏观调控政策

未来国际形势复杂多变，中国肉类产业必将面临更加强劲的竞争对手和复杂的国际环境，产业发展也充满了巨大挑战和不确定性。在这种情况下，政府应实施相应的稳定国内肉类产品价格政策，如支持性政策、临时收储政策等，以抑制国际市场波动对国内市场的影响以及价格波动对国内产业的不利影响。同时要建立和健全风险防范体系，增强产业风险防范能力，应对多变的国际环境，保障中国肉类产品有效供给。

中国和欧盟乳业竞争力比较研究

欧盟和中国是全球重要的乳制品贸易地区。近年来贸易往来日趋加深。但欧盟和中国在乳制品贸易、价格和品牌方面均具有较大差距。基于此，本文从竞争优势理论出发，试图分析中国与欧盟[①]乳业竞争力的差异，并找出影响中国和欧盟乳业竞争力的核心因素，探寻可供中国参考的欧盟乳业经验，寻求中国乳业转型之路，提出发展中国乳业竞争力的对策建议，解决中国乳业当前之困。

一、概况

(1) 欧盟和中国是全球重要的乳制品贸易地区。欧盟是全球最大的乳制品出口地区，随着全球乳制品需求的增加，欧盟乳制品出口量快速增长，年均增长率达 6.68%。2018 年欧盟的全球乳制品出口量达 485.79 万吨，占全球乳制品出口总量的 27%。中国是全球重要的乳制品需求国，2008—2018 年，中国进口全球乳制品数量从 39.3 万吨增加到 286.4 万吨，年均增长率达 21.97%。

(2) 欧盟与中国乳制品贸易往来日趋加深。中国跃升为欧盟乳制品第一大出口目的地。2008 年欧盟向中国出口乳制品 7.73 万吨，是欧盟第三大出口目的地，占欧盟出口总量的 3.03%；2018 年欧盟向中国出口的乳制品快速增加至 97.48 万吨，成为欧盟第一大出口目的地，占欧盟出口总量的 20.07%。同时，欧盟是中国乳制品的第二大进口来源地区，进口比重近年来大幅提升，2008 年中国进口欧盟乳制品数量占中国乳制品进口总量的 27%，2018 年大幅提高至 34.03%[②]，中国进口欧盟乳制品比重进一步提升，为仅次于新西兰的中国第二大乳制品进口来源地区。

(3) 在乳制品价格方面，欧盟具有较强优势。2008—2018 年，中国进口欧盟大包粉折合成原料奶价格持续下降，由 3.33 元/千克降低到 2.78 元/千

① 本文将欧盟算作一个整体，所有计算均不包含欧盟内部贸易。

② 2008 年中国进口主要国家乳制品数量占中国进口全部乳制品比重：新西兰（27%）、欧盟（26%）、美国（23%）、澳大利亚（11%）；2018 年比重为：新西兰（37.7%）、欧盟（34.03%）、美国（8.66%）、澳大利亚（10.56%）。

克[1]，而中国的原料奶价格持续走高，由 2.49 元/千克增加到 3.46 元/千克。近年来，欧盟鲜奶在中国市场比重大幅提高，中国进口欧盟鲜奶年均增长率达到了 61.25%，2018 年平均进口到岸价格为 7.59 元/千克，加上进口关税、运输成本以及各销售环节的费用后，最终零售价与国内鲜奶相比仍具有优势：以普通全脂盒装鲜奶为例，欧盟各国在中国零售价为 9.96～28 元/千克不等，国产零售价为 13.95～32.6 元/千克不等[2]。除了鲜奶之外，欧盟的婴幼儿奶粉也受到中国市场青睐，2008—2018 年，虽然进口到岸价格由 52.39 元/千克增加到 66.55 元/千克，但进口量并没有下降，而是以 37.96%的年均速率快速增加。

二、中国和欧盟乳业竞争力比较分析

（一）生产要素

乳业生产要素是指生产乳制品所需要的各种投入，包括地理气候条件、奶牛资源等初级生产要素，以及人力资本、科学技术等高级生产要素。

1. 初级生产要素

（1）地理气候条件：中国和欧盟大部分地区均位于世界最佳的奶牛养殖区域内，拥有最优的地理气候条件。地处南纬和北纬 40°～50°区间的温带草原是最好的奶牛养殖区域，被世界公认为“黄金奶源带”，这一区域常年被温带气候所环绕，适宜的温湿度、土壤成分构成、降水条件等决定了奶牛和牧草的优质生长环境，较好的气候条件给奶牛提供了舒适的生存条件，同时也为多汁牧草（如黑麦草、白三叶草等）的生长提供了最佳生长条件，这一区域能够培育出高品质的奶牛并生产出高质量的牧草。

欧盟的主要国家和中国部分地区均位于“奶业黄金带”。在北纬 40°～50°这一区域囊括了欧盟的主要国家，包括荷兰、英国、德国、法国、意大利、爱尔兰、希腊、西班牙、葡萄牙、奥地利、保加利亚、罗马尼亚等，且其余的欧盟国家均与这一纬度毗邻；同时，这一纬度也横贯了中国的部分地区，包括内蒙古、新疆、河北，以及东北地区。

（2）奶牛资源。在奶牛资源上，中国与欧盟相比还存在较大差距，欧盟主要奶牛养殖国家具有悠久的奶牛繁育历史，经过技术革新和管理水平的提高，

① 大包粉与原料奶按照 1∶8 折算；汇率取 2018 年中国兑美元平均汇率：6.617 4，2008 年汇率为 6.944。

② 按京东商城价格计算所得。

发展到目前自繁自育的奶牛性状已经非常稳定且优良，生产效率高，其培育的荷斯坦牛、娟姗牛和西门塔尔牛均是世界上产奶量较高的奶牛品种。而中国的荷斯坦奶牛（Chinese Holstein）是中国唯一自繁自育的优质奶牛品种，原产于欧盟的荷兰及德国北部，是通过引进各类荷斯坦奶牛与中国黄牛杂交，并经过长期选育形成的一个品种。但中国的奶牛繁育体系目前仍不完善，优质奶牛主要依靠进口，2018 年中国进口奶牛共计 15.69 万头，同比增长 97.62%，加之繁育历史较短，因此与欧盟国家的奶牛质量相比还存在一定的差距，在生产性能、产奶质量、饲喂繁育等方面仍需进一步提高。

2. 高级生产要素

（1）人力资本。与欧盟相比，中国从业人员普遍缺乏系统的专业教育培训，从业门槛较低。中国乳业人力资源数量较多，但缺乏人力资本优势。随着中国奶牛养殖规模化的进程不断加快，加之机械化水平不高，奶牛养殖业承载了众多的劳动力，但是这些劳动力的人力资本优势还有待提高，奶牛场的从业人员大多数只有小学学历及以下，仅少量具有大专以上学历。数据显示，2017 年，中国畜牧站、家禽繁育改良站、草原工作站、饲料监察所和畜牧兽医站在编人员大学本科学历及以上学历和中高级技术人才占比不足 50%。在统计的 16 所中国农林类高校中，涵盖了动物营养、动物遗传育种、兽医学、饲料科学、动物生产与管理等学科，但绝大多数毕业生并未在奶牛养殖一线工作。人力资本的缺乏严重影响了奶牛疫病防治、品种改良、草原建设与管理、饲草饲料的生产与加工以及技术示范、指导和推广等。

而欧盟各国的劳动力相对具有人力资本优势。法国法律明确规定，从业者要有相关资格证才可上岗工作，奶农必须要高中学历以上才可从事相关工作；在德国，奶农要接受企业和职业学校的共同职业教育，才能从事牧场的经营和管理，牧场工作人员都是专业学校毕业的实习生或者受过高等教育的人员，技术水平、管理能力比较高。这种职业教育由学校、行业主管部门和生产单位组织实施，共同负责，并直接受到政府的管理与监督，职业学校的老师也要两次国家考试合格才能上岗。

（2）科学技术。技术进步在乳业发展过程中起到不可或缺的关键作用，技术发展是提升乳业竞争力的重要途径，中国乳业经过长期的发展，在奶牛育种繁育以及机械化水平方面有了很大的提高，但是与欧盟部分国家相比仍较为悬殊。

（二）需求条件

旺盛的需求是产业发展的动力，也是提高产品质量和产业竞争力的最直接动力。市场容量的大小不但影响生产的规模和效率，更能刺激本国企业改进和创新产品或服务。

1. 中国乳制品需求

（1）国内消费需求。国内乳制品消费持续增长，但增速有所放缓。目前，国内人均乳制品消费量折合成原料奶为 36 千克，仅为世界平均水平的 1/3、发展中国家的 1/2 及奶业发达国家的 1/7，仍有较大上升空间。

（2）国内加工需求。中国对进口原料需求涨幅显著。2008—2018 年，中国进口乳制品折合原料奶产量波动增加，年均增长率为 8.26%，远高于 4.02%的国内原料奶产量年均增长率。国内对进口原料需求的不断增加，对国内奶牛养殖业造成巨大压力，中国牛奶自给率从 84.26%下降到了 67.65%。

（3）国际市场需求。国际对中国乳制品需求呈上升态势，2008 年以来，中国乳制品出口总体呈上升态势，中国乳制品出口基数小，2018 年进口量达到出口量的 23 倍，但中国乳制品出口增速较快，复合增长率为 3.02%。

2. 欧盟乳制品需求

（1）内部消费需求。2011—2018 年，欧盟人均液态奶、奶油和干酪消费量仅增长了 0.45%、18.1%和 5.95%。虽然消费增长缓慢，但欧盟乳制品消费基数大，是乳制品消费的重要地区，其液态奶人均消费量为 64.99 千克/年，是中国的 3 倍；奶油人均消费量为 4.37 千克/年，是中国的 38 倍；奶酪人均消费量为 18.33 千克/年，是中国的 180 倍以上，消费能力仍处于世界较高水平。

（2）国际市场需求。欧盟内部乳制品消费量稳定，生产的乳制品基本能满足内部需求，因此进口量较少，而出口量较多，是全球第一大出口地区，2018 年占全球出口总量的 27%。全球对欧盟乳制品的需求呈增长态势，欧盟生产的乳制品除了满足内部消费外，其他乳制品用于满足国际市场需求。国际市场对欧盟的婴幼儿奶粉（31.07%）、奶酪（27.19%）和大包粉（20.46%）需求强烈，占总出口额的 78.72%。

（三）相关产业

1. 饲料产业

中国饲料企业不断整合，数量呈递减态势，2017 年减少到 5 354 个，同比减少 23.15%；但单位产量大幅增加，2017 年单位产量为 410 吨，同比增长 36.67%，中国饲料行业开始由数量增长向质量提升和结构优化发展。在全球十强奶牛营养饲料公司中，中国大陆和欧盟分别占 3 个和 4 个席位，但中国与欧盟各成员国的饲料企业相比仍存在较大差距。欧盟主要饲料企业不断开拓海外市场，已在中国投资建设子公司，拥有领先的研发能力和质量把控程序。例如，德国萨诺、德国绍曼、荷兰泰高以及英国的英联（ABNA）公司在全球（包括中国）建立办事处以及分公司，开拓国际市场，生产饲料品类丰富，如配合料、浓缩料、青贮添加剂、饲料添加剂以及预混料等。

2. 奶牛养殖业

欧盟奶牛养殖业生产能力较强。在养殖规模方面，中国近年来大力发展规模化养殖，散户及小规模牧场以年均 23.22%的速率逐渐退出，2018 年牧场数已减少至 66.18 万个，但目前平均养殖规模仍然不高，平均仅为 13 头。欧盟主要以家庭牧场为主，2017 年牧场数为 107.7 万个，平均养殖规模为 22 头，远高于中国。2000—2017 年，在奶牛单产方面，中国以年均 2.19%的速率增长，欧盟以年均 2.06%的速率增长，中国的增长态势略高于欧盟，但中国的奶牛繁育历史较短，奶牛养殖在管理、技术方面仍落后于欧盟各主要成员国，2017 年中国奶牛单产水平仅为欧盟的 1/3。在原料奶质量方面，欧盟远高于中国。乳蛋白率、乳脂率、体细胞数和菌落数是表示原料奶质量最直接的指标①。2010—2018 年，欧盟的乳蛋白率和乳脂率水平保持稳定，而中国则分别以年均 0.29%和 0.45%的速度略微上升，但中国仍与欧盟存在一定差距。欧盟的体细胞数和菌落数远低于中国，以德国为例，虽然中国的体细胞数和菌落数分别以年均 5.05%和 14.70%的速率减少（德国分别以 1.78%和 1.06%速率减少），但目前中国的体细胞数和菌落数仍远远高于德国，分别是德国的 1.37 倍和 2.66 倍。

3. 乳品加工业

中国乳制品加工企业不断整合，国际竞争力逐渐提高，但与欧盟相比仍然存在较大差距。从乳企整体发展状况来看，2018 年中国乳制品加工规模以上乳企（年销售额 2 000 万元以上）为 587 个，较 2017 年减少了 24 个，其中仍有 121 个乳企亏损，亏损比例达 20.61%。2005—2018 年，中国乳企的销售总额和利润总额分别以年均 11.13%和 12.80%的速度增长，发展态势良好。产业集中度不断提高，通过兼并重组，企业数量减少，销售额和利润额总体呈上升态势；销售额排名前 10 位的乳企共计市场份额由 2016 年的 50.2%增长至 2018 年的 63.3%。

中国乳制品加工业国际竞争力逐步提高，伊利和蒙牛等乳企均通过布局海外市场整合全球乳业资源。但在国际市场上与法国和荷兰等欧盟主要国家大型乳企仍存在较大差距。在全球乳企销售额前 10 名中，欧盟占据着 4 个席位（第 2、3、6 和 7 位），而中国仅占据 2 个席位（第 9 和 10 位）。以第 2 位的法

① 乳蛋白率和乳脂率数值越高代表质量越好；体细胞数和菌落总数数值越低代表质量越好。

国兰特黎斯（Lactalis）为例，2018 年销售额为 208 亿美元，是蒙牛的 2 倍之多。同时，兰特黎斯以 1 960 万吨的收奶量占据着全球 2.4%的份额，是伊利的近 3 倍。

（四）企业战略

1. 中国乳企战略："引进来，走出去"

"引进来"是指吸取国外乳企先进的技术、设备、人才和管理经验，来运用到国内的乳企，以促进国内乳企自身的发展和壮大，加快先进技术和生产力的本土化；"走出去"是在"引进来"基础之上，充分发挥"引进来"的积极推动作用，提高国内乳企自身实力，实现中国乳企在国际市场上的竞争优势。

自 2008 年以来，中国乳业加快了"引进来"战略的脚步，在引进奶牛、苜蓿、机械设备的同时，还引进了领先的技术、先进的管理经验和高水平人才，乳业的现代化和国际化程度大幅提高。目前，中国乳企正加快"走出去"步伐。2010 年以来，中国乳企开始在海外大量投资，包括合资、并购、独资等方式。2014 年 6 月，多部委联合发布《推动婴幼儿配方乳粉企业兼并重组工作方案》，对乳企兼并重组和海外投资给予政策支持后，乳企海外投资现象更加普遍。这对于扩大企业经营规模、提高企业效益、巩固市场竞争地位有着重要意义。

2. 欧盟乳企战略

目前，全球主要乳企均实施了海外布局，这有益于利用外部资源来扩大生产力和实现资源整合。近年来，欧盟主要成员国的乳企加速扩张，在全球布局了大量的奶牛场、加工厂等，这源于乳企自身成熟的经营和管理能力，而欧盟各成员国发展的以产、加、销一体化的乳业合作社组织形式拥有先进的经营和管理经验，在保障奶农收入、维持奶业可持续发展等方面值得中国借鉴。

丹麦 1882 年诞生第一家乳业合作社，并由社员出资建立了乳品加工厂。之后乳业合作社这一形式在欧洲得以快速普及，经过长期发展，出现了各种形式的合作社并按章程实行统一经营、统一核算、利润分成。虽然欧盟对乳业给予了大量的补贴和支持，但欧盟成员国意识到，对于中小规模家庭农场为主的乳业生产模式，单靠资金支持是不够的，只有通过产、加、销一体化的乳业合作社才能让小规模奶农享受到大资本带来的利益。因此，各成员国不断完善法律法规，推动乳业合作社健康发展。

欧盟乳业合作社的发展经验主要有：第一，合理的利益分配机制。奶农在自愿基础上组建合作社，在合作社指导下兴办乳品加工厂，奶农既是合作社的主人，也是加工厂的主人，形成了一个利益高度一致的全产业链。同时，乳业合作社还会为奶农提供从饲料、配种、防疫到收奶等一整套服务，出资组建的乳品加工厂不仅实现了利润的增值，还解决了原料奶的市场销路问题。大部分乳业合作社加工厂的利润分为三部分，一部分用于加工厂的扩大再生产，一部分作为奶农交奶的红利返还，另一部分用于补贴乳业合作社为奶农提供的各类服务。合理的分配机制有效解决了奶农生产环节利润偏低的问题，为加工厂提供了稳定可靠的奶源，形成良性循环。第二，兼并重组做大做强。不断提高乳业合作社的规模和专业化程度是提高乳业产业竞争力和市场生存能力的重要途径之一。2007 年，英国的 First Milk 和 Milk Link 乳业合作社合并，社员扩大到 4 250 户；2008 年，荷兰的 Campina 和 Friesland Food 合并，社员达到 17 000户。随着乳业合作社通过兼并重组，规模不断扩大，产业链不断延伸，乳业合作社也逐步走向了企业化。1964 年，6 家法国乳业合作社决定建立乳业公司 Sodima 在全法国范围内进行销售，之后历经 47 年，Sodima 合并和收购了 6 家乳业合作社，组建成立了法国著名合作社乳制品集团 Sodiaal。2000 年，丹麦的 MD Foods 与瑞典的 Arla 乳业合作社合并成立了 Arla Foods，成为欧洲首家大型跨国奶业集团，年加工原料奶 71 亿千克，参社奶农超过 15 000 户。第三，利益与责任高度统一。欧盟乳业合作社集生产、加工和销售于一体，使利益与责任高度统一，不论哪个环节，都要按照安全标准操作以确保产品质量。正因为产、加、销各环节的高度协调和共同利益，质量与安全得到了全程保证，使欧盟成员国乳业合作社乳品加工厂的产品，占据了市场的主要份额。荷兰乳业合作社参与制定乳制品质量安全标准，并帮助奶农严格按标准执行，通过按质论价、不合格处罚的办法保证了原料奶的质量，而对乳制品的加工则全面实行 ISO 9000 系列标准和 HACCP 质量控制体系。爱尔兰乳业合作社向农户通报欧盟乳制品方面的政策信息，负责检验奶农交售的牛奶，并与国际知名品牌合作加工乳制品。

（五）政府

1. 中国侧重制定乳业产业发展方面的政策

中国乳业发展时间较短，是一个正在发展中的朝阳产业，产业链中各环节发展仍不充分，需要大力推动其资源整合，因此，中国侧重制定促进其乳业快速发展的政策。在牧草业方面，鼓励发展“粮改饲”、苜蓿草种植，以提升奶牛牧草的供给能力。在奶牛养殖业方面，侧重发展规模化奶牛养殖，淘汰生产和卫生不规范的散户养殖，以促进奶牛养殖的标准化、集约化，同时为提高奶牛产奶能力，实施良种奶牛培育政策。在乳品加工业方面，强化婴幼儿配方乳粉生产企业的行业集中度，淘汰落后产能，实施极其严格的市场准入标准以及监管标准，提升国产婴幼儿配方乳粉的竞争力。

2. 欧盟侧重乳业相关的市场保护和农户支持政策

一是对欧盟内部乳制品设置贸易保护屏障。欧盟将乳制品视为敏感农产品，除对进口的乳制品设置极高的关税贸易壁垒外，还设置了卫生与植物检疫(SPS)、技术性贸易壁垒（TBT）和原产地限制，非关税贸易壁垒具有很大的灵活性、针对性、隐蔽性和歧视性，能够直接地达到限制进口的目的。除了对进口进行限制外，欧盟同时实施出口补贴政策，这样就减少了欧盟乳制品出口商的损失，从而增强了其出口能力。二是对乳制品价格实施价格管理。欧盟通过门槛价格、目标价格和干预价格对乳制品市场价格进行管理，形成了成熟的乳制品价格管理体系，通过设定最低价格与最高价格，使用公共干预与私人存储援助来调节乳制品的市场供应量，同时，通过门槛价格，对进口乳制品征收价差税以避免欧盟内部乳制品受到进口乳制品的冲击。三是对奶农实施保护。通过牛奶“一揽子”计划强制加工企业与奶农签订合同，保护奶农在产业链中的市场地位。根据共同农业政策中的直接支付，对奶农所拥有的土地进行直接补贴，同时对青年农民和小农户进行直接支付，以保护小规模奶农的利益。

综上所述，可以发现中国乳业和欧盟乳业处于不同的发展时期，因此政策制定有所侧重。欧盟乳业比较发达，产业链各环节发展较为充分，因此政策更加侧重对市场的调节保护以及对奶农利益的保护，政策能够在一定程度上兼顾产业链各主体的利益，形成较好的利益共担和联结机制，以实现乳业的可持续发展。但欧盟乳业政策的弊端是带来了高额的财政支出以及政府管理费用。而中国乳业正处于蓬勃发展阶段，侧重产业链各环节的发展，但相对忽视了产业链各环节的利益联结，奶牛养殖业承担了大部分成本，但利润却大部分被加工端和消费端分享。中国乳业目前尚未形成利益共担机制或较完善的农户（场）保护政策，也未建立起乳制品市场价格管理机制，原料奶价格仍取决于原料奶收购企业的定价，加之较为宽松的乳制品贸易政策，可能对中国乳业未来中长期发展带来一定不利影响。

（六）机遇

1. 中国乳业机遇

从国内机遇看，第一，中国的城镇化率以年均 1.98%的速度递增，城镇化率的提升可能进一步提升居民消费水平，带来更多的乳制品消费。第二，中国乳业起步较晚，随着居民消费习惯和认知的转变，乳制品逐渐变成大众化的膳食及营养食品，乳制品消费量将进一步提升。第三，消费结构升级。目前，中国消费额最大的乳制品品类是常温液态奶，其次是婴幼儿奶粉，但近年来，奶酪和低温液态奶的消费额大幅提升，2018年消费规模分别达到62.3亿元和431亿元，同比增长22.08%和15.83%，成为中国乳制品市场中增长极快的乳制品品类，这说明中国乳制品消费结构有可能呈现多元化趋势。

从国际机遇看，“一带一路”倡议为中国带来开拓国际市场的机遇。2018年6月，“一带一路”奶业联盟由中国奶业协会与10家已在境外投资奶业的会员企业共同发起成立，雀巢、荷兰皇家菲仕兰、恒天然等5家国际乳企也加入“一带一路”奶业联盟。国际合作加深为乳业带来新机遇。中国和新西兰、阿根廷、荷兰建立了乳业合作协议，与新西兰、澳大利亚建立了乳业对话机制，与加拿大、瑞典、美国等举办培训班、研讨会等，以更加开放的姿态，学习借鉴世界乳业强国的先进经验和技术。

2. 欧盟乳业机遇

全球乳制品需求旺盛为欧盟乳业带来机遇。一方面，出口目的地越来越广。出口市场由2010年的184个波动增长至2018年的191个，增长幅度达3.8%。另一方面，出口数量越来越多，由2010年的306.71万吨增长至2018年的485.79万吨，年均增长率达5.92%。欧盟乳制品出口地区以亚洲和非洲国家为主，中国和其他新兴市场对于欧盟乳制品旺盛的需求，是欧盟决定取消牛奶生产配额制度的原因之一，也是欧盟乳业面临的消费机遇之一。

三、中国乳业竞争力提升思路

（一）促进乳制品出口竞争力提升

一是提升乳制品产量和质量。加快奶源基地现代化建设，提倡奶牛适度规模化经营。各地应制定和推广不同模式和规模的饲养标准和技术规范，提升奶牛养殖标准化水平；提高乳制品生产标准，加快培育标准化和现代化乳制品加工企业，鼓励乳制品加工企业兼并重组，提高行业和产能集中度；鼓励乳业合作社入股乳制品加工企业，推进纵向一体化战略实施。二是调整乳制品出口结构。创新管理模式，更新生产设备，进一步增加研发投入，加快推动乳制品加工业由资源加工型向科技研发型转化，增加产品的科技含量和附加值，将液态奶和奶粉的生产和出口重心向黄油、干酪和乳清等国外消费者偏好的产品倾斜。三是开拓乳制品出口市场。积极推进乳制品企业国际化发展进程，提升乳制品质量、管理、销售和品牌能力，鼓励加强与“一带一路”国家贸易合作，生产具有区域特色和文化特色的乳制品，大力拓宽东南亚、非洲和俄罗斯等国家和地区市场，提高国内乳制品企业在其乳制品市场的份额。

（二）提高乳业生产要素水平

一是提高乳业相关从业人员素质。大力提高乳业以及支持性产业从业人员素质，培育一批具有较高技术和文化素质、接受新科技能力较强、职业技能较高的人才队伍。二是提高乳业科技水平。健全奶牛育种组织和体系，加快培育和选育优秀种公牛，加强奶牛补贴和奶牛生产性能测定，推进奶牛良种化进程；提高奶牛养殖场现代化和机械化水平，引进先进基础设施、设备和饲养管理技术，提高生产效率。

（三）保障奶牛场（户）利益

一是建立原料奶定价机制。建立政府、奶农和乳制品加工企业共同参与的原料奶定价机制，以市场需求为导向，以风险共担、利益共享为原则，综合乳业各主体成本、费用和利润，结合淡旺季节原料奶需求制定原料奶定价机制。二是实现原料奶差异化定价。坚持“按质论价”，根据乳蛋白率、乳脂率、体细胞数和菌落数等多指标建立质量标准体系，鼓励原料奶生产主体生产高质量原料奶。三是建立原料奶价格保险机制。成立奶牛场（户）、乳制品加工企业和第三方保险机构共同参与的乳制品价格保险基金，当原料奶价格发生大幅度波动时，可启用保险基金对奶农和乳制品加工企业进行赔偿。

中美经贸摩擦对中国水产品国际贸易影响测度与现实应对

中国是水产品生产和贸易大国，水产品出口额一直位居中国出口优势农产品首位；美国是中国水产品出口的第二大市场。2017 年美国对华发动“301 调查”[①] 以来，中美经贸摩擦愈演愈烈，历经两年反复博弈后，双方终于在 2020 年 1 月 15 日签署了《中华人民共和国政府和美利坚合众国政府经济贸易协议》。在此背景下，对中国水产品全球贸易以及中美水产品贸易到底存在什么影响、影响程度有多大，已成为目前关注焦点。

鉴于此，本报告在探讨中美经贸摩擦影响中国水产品贸易变化的基础上，运用多元灰色预测 MGM（1，n）模型预测了摩擦以来中国水产品对全球的贸易量和贸易额、中美双边水产品的贸易量和贸易额，利用“反事实推理”方法[②]，分析研判了中美经贸摩擦对中国水产品及中美双边水产品进出口贸易的影响程度，寄望结论能够为中国下一阶段水产品贸易政策制定提供相关参考。

一、中美双方水产品相互制裁措施

中美经贸摩擦始于 2017 年 8 月 19 日美国针对中国的钢铝产品单方面开展的“301”调查活动。来自联合国粮农组织（FAO）的数据显示，2016 年中国是世界第一大水产品出口国和世界第三大水产品进口国。中美经贸摩擦爆发之后，中国的水产品国际贸易已受波及。

具体而言，2018 年 6 月 16 日，在针对美国的反制措施中，中国宣布对占从美国进口商品总数 1/3 左右的水产品加征 25%的进口关税。2018 年 9 月 18 日，美国政府又针对性地宣布对来自中国的 200 余种水产品加征 10%的进口关税。作为回应，中国政府当天宣布在对美加收关税的水产品范围和原有税率

① 依据美国《1988 年综合贸易与竞争法》中 301 条款进行的调查。

② “反事实推理”又称“反事实思维”，是指对过去已经发生的事实进行否定而重新表征，以建构一种可能性假设的思维活动。在日常生活中，“反事实推理”非常普遍，其典型表现为“如果当时…，就会（不会）…”，其在头脑中是以条件命题的形式表现出来的，主要包括前提和结果两个部分。

的基础上，再次加征 10%的关税。自此，中美双方围绕水产品开启新一轮的关税增加行为。2019 年 5 月 9 日，美国将从中国进口的水产品关税提至 25%。此后，美国政府又在 2019 年 5 月 23 日宣布将为本国农民（包括渔民在内）提供总计 160 亿美元的贸易摩擦财政补贴，其中 145 亿美元用于直接补贴。2019 年 9 月 1 日，中国政府宣布对来自美国的水产品在原有关税税率的基础上继续加征 5%～10%的关税。此后，中美之间围绕水产品国际贸易的僵持行为有所松动。2019 年 9 月 11 日，中国将来自美国的虾苗（编码 03063610）与饲料用鱼粉（编码 23012010）从加征关税的清单排除之后，中美双方于 2019 年 10 月 25 日就美方进口中国鲇鱼产品监管体系等内容达成共识。2020 年 1 月 15 日，中美双方通过协商并最终签署了《中华人民共和国政府和美利坚合众国政府经济贸易协议》，特别指出中国海关总署与美国食品药品监督管理局应尽快在可行情况下重启中美水产品技术工作组双边会议，从而尽快确定输美水产品的标准，同时中方未来也将进一步提高美国水产品的进口水平。

综合来看，中美经贸摩擦带给中美双边水产品国际贸易的行为变化，主要体现在各自在水产品加征关税的范围和所征收税率的变化上。随着 2020 年 1 月 15 日《中华人民共和国政府和美利坚合众国政府经济贸易协议》的签署实施，中美经贸摩擦也暂告一段落。着眼于双边经贸关系的稳定发展和双边国际合作的深化，中美双方未来将在水产品质量监管、水产品行业标准规范和水产品贸易政策体系完善方面加大合作并强化互信，由此也将开启新一轮中美水产品国际贸易恢复性发展的序幕。

二、中美经贸摩擦以来中国水产品贸易变动特征及原因

（一）摩擦以来中国水产品贸易变动特征

从统计数据看，中美经贸摩擦爆发之后，2018 年中国水产品进出口贸易总量相比于 2017 年出现以下变化。

第一，从贸易总量来看，中美经贸摩擦对中国水产品进出口总量的影响并不明显，仅出口量出现了微降 0.85%，进口量、进口额和出口额等 3 个指标均有增长。具体而言，中美经贸摩擦导致中国水产品的进出口量分别从 2017 年的 291.1 万吨、397.1 万吨变化为 2018 年的 335.8 万吨、393.7 万吨，前者同比增长 15.36%，后者小幅下跌，同比减少 0.85%；同期，中国水产品的进出口额分别从 2017 年的 81.8 亿美元、184.8 亿美元变化为 2018 年的 117.4 亿美元、193.2 亿美元，前者同比剧增 43.52%，后者同比增长 4.55%。

第二，从中美双边贸易情况来看，中美经贸摩擦导致中国对美水产品进口

量和进口额双降，但同期中国对美水产品出口量和出口额却同步增长。具体而言，中美经贸摩擦导致中国对美水产品的进出口量分别从 2017 年的 42.9 万吨、51.4 万吨变化为 2018 年的 36.6 万吨、51.5 万吨，前者同比下降 14.69%，后者同比增长 0.19%；同期，中国对美水产品的进出口额分别从 2017 年度的 13.2 亿美元、28.7 亿美元变化为 2018 年的 12.5 亿美元、30.3 亿美元，前者同比下降 5.3%，后者同比增长 5.57%。

第三，从中国与除美国之外的其他国家水产品贸易情况来看，中美经贸摩擦导致中国对除美国之外的其他国家水产品的进口量和进口额均出现大幅增长，尽管同期进口量有小幅下降，但出口额却出现了明显的增长。具体而言，中美经贸摩擦爆发后，中国对除美国之外的其他国家水产品的进出口量分别从 2017 年的 248.2 万吨、345.69 万吨变化为 2018 年的 299.24 万吨、342.20 万吨，前者同比增长 20.56%，后者同比下降 1.01%；同期，中国对除美国之外的其他国家水产品的进出口额分别从 2017 年的 68.58 亿美元、156.10 亿美元变化为 2018 年的 104.89 亿美元、162.87 亿美元，前者同比剧增 52.95%，后者同比也增长了 4.34%。

（二）中美经贸摩擦以来中国水产品贸易变动的主要原因

1. 中国居民旺盛的水产品消费需求是水产品进口量和进口额双增的主要拉力

2018 年，中国国内生产总值同比增长 6.6%，中国居民人均可支配收入实际增长 6.5%。随着国内中产阶级消费能力的崛起、电商平台消费习惯的形成以及水产品消费安全意识的增强，中国消费者对进口水产品，特别是对高档水产品的需求表现得较为旺盛，南美白对虾、岩龙虾、活蟹（帝王蟹等）、三文鱼和波士顿龙虾已成为目前中国水产品最主要的进口品种。2018 年，中国从俄罗斯进口水产品规模增大，进口量和进口额分别增长 8.24%和 42.85%，其中冻鳕鱼、冻大马哈鱼和帝王蟹等水产品的进口涨幅较大；同年，中国从东盟国家进口水产品的规模也增长迅速，进口量和进口额同比分别增长 30.01%和 54.09%，其中从越南进口的水产品总量最大；另外，中国 2018 年从澳大利亚和厄瓜多尔进口的水产品（以龙虾和对虾为主）总值同比也分别增长了 115.11%和 177.97%。

2. “一带一路”倡议的推进实施是水产品贸易水平逆势提升的主要推力

通过对比各个水产品贸易指标在中美经贸摩擦爆发后的增长率，可以看出，中美经贸摩擦对中国水产品进出口贸易总体影响并不明显，最主要的原因在于国别之间存在贸易替代效应。据报道，中国 2018 年先后与智利、新加坡正式签署自贸协定升级议定书，与格鲁吉亚签署的自贸协定开始生效，还就优惠贸易安排与欧亚经济联盟正式签署了《中国与欧亚经济联盟经贸合作协定》，进一步减少了欧亚地区非关税贸易壁垒，提高了中国与欧亚经济联盟国家贸易的便利化水平，最终使得中国与欧亚经济联盟2018年的水产品贸易量和贸易额同比分别增长6.68%（127.33万吨）和35.65%（27.81亿美元）。数据也显示，中国2018年与“一带一路”沿线国家的水产品贸易量和贸易额分别达到了311.43万吨和90.21亿美元，同比分别增长11.59%和26.27%，均高于同期中国水产品贸易总体的增长速度；而且，中国2018年对“一带一路”沿线国家的水产品出口额占对沿线国家农产品出口总额的13.7%，水产品进口额占自沿线国家农产品进口总额的16.4%。综合来看，正是2013年以来“一带一路”倡议的推进实施，才使中国得以在中美经贸摩擦爆发后，能够依托更深、更广的“一带一路”沿线友好贸易伙伴国家关系的有效拓展和巩固，从除美国之外的其他友好贸易伙伴国家进出口国民消费所需水产品，从而最终得以最大限度地消除了中美经贸摩擦理论上带来的潜在消极影响。

3. 水产品有效供给的增强、进口关税的下调和打击走私专项活动为水产品贸易向好发展提供了重要驱动力

水产品贸易条件的改善是国别之间水产品进出口贸易向好发展的重要前提。从供给侧来看，中国近些年不断推进“生态优先、科学利用、创新机制、融合发展”的渔业养殖模式，促使水产养殖业向集约化和规模化方向发展，使得中国水产业逐渐呈现出“产业规模化、管理精细化、服务一体化、品牌集中化”的发展趋势，加之水产品质量安全程度不断提升，使得中国水产品的出口竞争力不断攀升，并最终使得中国水产品出口业务，即便是在中美经贸摩擦爆发后，依然表现出强势增长态势。与此同时，随着近年“一带一路”倡议的贯彻实施和国家自贸区建设的持续推进，中国对外开放水平日益提高，这也带动了中国水产品贸易环境的优化。2018年，针对美国水产品贸易的反制行为，中国不仅下调了养殖类和捕捞类水产品进口关税的平均税率（由15.2%降至6.9%），而且同时在全国范围内开展了打击走私“国门利剑2018”联合专项行动，重拳打击冻水产品走私犯罪活动①。这些措施在提升中国水产品进口贸易水平的同时，也有力保证了进口水产品的市场价

① 2018年4月2日，广州海关通报了一宗案值超过6亿元的三文鱼走私案件；11月29日，中国海关总署又通报“607”打击冻水产品走私专项行动，共计打掉涉案走私团伙16个，查证涉案走私冻水产品3.07万吨，初估案值14.5亿元。

格和经营秩序。

4. 非洲猪瘟疫情暴发所引致的水产品对猪肉的替代为水产品贸易水平提升提供了重要助推力

2018 年 8 月 3 日，中国确诊发生首例非洲猪瘟疫情。随后，疫情在全国范围内迅速扩散。截至 2019 年底，在全国范围内非洲猪瘟疫情仍然时有发生。疫情的蔓延客观上影响到了中国商品猪肉的有效供给，这也成为驱动 2019 年中国国内猪肉价格不断上涨的主要原因。受疫情影响，中国日常消费传统中对猪肉产品的部分需求，在猪肉价格飞涨背景下就转化为对同样能够提供优质动物性蛋白的水产品的消费需求。显然，微观消费环节替代效应的存在，势必加剧中国国内对水产品消费需求的增长，最终表现为中国水产品进口贸易水平在中美经贸摩擦爆发后仍然保持持续上升的态势。

三、中美经贸摩擦对中国水产品国际贸易影响的量化测度

（一）研究方法与数据说明

为了考察中美经贸摩擦对中国水产品国际贸易以及中美双边水产品进出口贸易的影响程度，课题组利用多元灰色预测 MGM（1，n）模型预测了中美经贸摩擦以来中国水产品的贸易量和贸易额、中美双边水产品的贸易量和贸易额，进而利用"反事实推理法"，分析研判中美经贸摩擦对中国水产品国际贸易以及中美双边水产品进出口贸易的影响大小。

考虑到 GM（灰色系统模型）在长期预测中的不足，课题组应用等维灰数递补数据处理技术，通过不断补充新信息和去除旧信息，来减少长期中的随机扰动或驱动因素的影响。具体做法是将 MGM（1，n）模型预测得到的首个预测值替换原始数据中最早的数据以保持数据序列等维，然后运用该更新后的数据序列预测得到下一个值，并以此替换旧数据，如此循环以达到长期预测的目的。由于在引进多个相互之间关联度较大的影响因素变量时，通常会影响到模型的预测精度，甚至会导致矩阵及其逆矩阵出现病态，所以引入 MGM（1，n）模型的因素不宜过多，一般不超过 3 个①。联系水产品国际贸易实际，结合现有水产品国际贸易数据的可获得性，课题组在考察中美经贸摩擦对中国水产品国际贸易水平的影响程度时，在进口方面选择中国水产品进口额、进口

① 王春超，王丽萍，曹云慧，朱艳霞，张验科．改进多变量灰色模型在城市用水量预测中的应用［J］．水电能源科学，2013，31（2）：27-29.

量、中国人均GDP（单位：美元）3个关联因素进行预测，在出口方面选择中国水产品出口额、出口量、除中国以外的其他国家人均GDP（单位：美元）3个关联因素进行预测；同时，课题组在考察中美经贸摩擦对中美双边水产品进出口贸易的影响程度时，在进口方面选择进口额、进口量和中国人均可支配收入（单位：人民币元）3个关联因素进行预测，在出口方面选择出口额、出口量和美国人均可支配收入（单位：美元）3个关联因素进行预测。

需要说明的是，本报告所用水产品贸易数据均来自联合国商品贸易统计数据库，中国人均GDP和其他国家（除中国外）的人均GDP数据以及汇率水平均采用World Bank公布的官方数据，美国居民人均可支配收入数据来自美国商务部网站，而中国人均可支配收入数据则来自历年的《中国统计年鉴》。而且，由于中美经贸摩擦始于2017下半年，加之联合国商品贸易统计数据库的最新数据仅更新到2017年，所以课题组使用“反事实推理法”来分析中美经贸摩擦的实际影响效果最终所选择的数据年份仅限于中国加入世界贸易组织之后的2002—2017年。具体而言，课题组依托2002—2017年的中国水产品国际贸易以及中美双边水产品进出口贸易数据，预测2018—2019年相应的贸易数据，并通过比较2018年度的实际统计数据和预测数值，分析研判中美经贸摩擦对中国水产品国际贸易以及中美双边水产品进出口贸易的实际影响水平。

（二）中美经贸摩擦对中国水产品进出口贸易的影响测度

1. 中国水产品进口水平预测

课题组使用Matlab软件，将中国水产品进口额、进口量、中国人均GDP 3个关联因素的原始数列进行一阶累加生成，构建三元一阶常微分方程组，然后根据灰色模型原理运用最普通小二乘法（OLS），可以得到各个关联因素的历年预测值，并可计算各个关联因素的实际值与预测值的逐点残差值，从而从整体上判断中国水产品进口水平MGM（1，3）模型的精确程度。

2002—2017年中国水产品进口额和进口量的年度预测值与相应年份真实值的平均相对误差率分别约为5.03%和5.70%，而且相关因素序列中国人均GDP的年度预测值与相应年份真实值的平均相对误差率也仅为4.81%。这也意味着，中国水产品进口水平MGM（1，3）模型具有较高的预测精度，据其可以计算得到2018年度的中国水产品进口额、进口量和中国人均GDP，然后利用等维灰数递补技术将这些预测数值补充到原始数据序列中并删除2002年的原始数据，可以得到2003—2018年的进口额、进口量和中国人均GDP的数据序列。然后，再次运用中国水产品进口水平MGM（1，3）模型预测2019年度中国水产品进口水平的预测值。

从预测值来看，2018 年中国水产品进口额、进口量的预测值均分别比实际统计值小约 40.713 8 亿美元、113.765 6 万吨。通过对比不难看出，中美经贸摩擦并未对中国水产品的进口水平造成负面影响，相反中美经贸摩擦的爆发还引致中国水产品进口出现了量额双增的状况。同时，2019 年中国水产品的进口额和进口量分别约为 80.588 8 亿美元和 215.402 1 万吨。预测数值显示，2018 年以来中国水产品进口将出现进口额逐年递增、进口量逐年递减的现象，这在一定程度上也预示着中国水产品进口将向经济附加值较高的水产品倾斜，冰鲜盐渍类等经济附加价值较低的水产品进口将会下降，中国水产品的进口结构因中美经贸摩擦的爆发已进入转型升级阶段。

2. 中国水产品出口水平预测

同理，课题组使用 Matlab 软件，依托中国水产品出口额、出口量、除中国以外的其他国家人均 GDP 3 个关联因素的原始数列，根据灰色模型原理进行计算，可以得到中国水产品出口各个关联因素的历年预测值，并可计算各个关联因素的实际值与预测值的逐点残差值从而判别中国水产品出口水平 MGM（1，3）模型的精确程度。

2002—2017 年中国水产品出口额和出口量的年度预测值与相应年份真实值的平均相对误差率分别约为 7.55%和 4.03%，而且除中国以外的其他国家人均 GDP 的年度预测值与相应年份真实值的平均相对误差率也仅为 5.38%。这也意味着，中国水产品出口水平 MGM（1，3）模型具有较高的预测精度，据其可以计算得到 2018 年度的中国水产品出口额、出口量和除中国以外的其他国家人均 GDP，然后利用等维灰数递补技术，最终可以计算得到 2019 年度中国水产品出口水平的预测值。

2018 年中国水产品出口额预测值比实际值小约 215.370 7 亿元、出口量的预测值比实际值高约 44.83 万吨。由此可以看出，中美经贸摩擦的爆发导致中国水产品的出口量下降，但出口额并未随之下降，反而逆势上扬。客观来讲，中国水产品出口“量降价增”状况的出现也意味着，中国水产品的出口在中美经贸摩擦爆发之后逐渐走向了一条“调结构、重效益”的转型发展道路。数据显示，在 2018 年中国水产品出口总量中，经济附加价值较高的水产品出口量所占比重已从 2017 年的 24.45 %增至 2018 年的 27.33 %；同时，在 2018 年中国水产品出口总额中，经济附加价值较高的水产品出口额所占比重已从 2017 年的 35.72 %增至 2018 年的 38.96 %。可以预见，随着 2020 年 1 月 15 日《中华人民共和国政府和美利坚合众国政府经济贸易协议》的签署实施，未来中国水产品的出口结构中，具有较高经济附加值的深加工类水产品所占比重将进一步增大。与此同时，2019 年中国水产品的出口额和出口量分别约为 6 519.42亿元和 1.1 亿吨，该预测值相比于 2018 年的实际统计值均呈现大幅倍增态势。据此判断，中美经贸摩擦的爆发对中国水产品出口的深化影响，可能随着中国“一带一路”倡议的推进实施，在众多伙伴国家贸易替代效应的推动下，并不能达到真正阻碍中国水产品出口业务快速发展的企图。

（三）中美经贸摩擦对中美双边水产品贸易的影响测度

1. 中国自美水产品进口水平预测

为了考察中美经贸摩擦对中国自美水产品进口水平的影响程度，课题组选择中国自美水产品进口额、进口量和中国人均可支配收入 3 个关联因素的原始数列，构建中国自美水产品进口水平 MGM（1，3）预测模型，同理使用 Matlab 软件计算。计算 2002—2017 年中国自美水产品进口额和进口量的年度预测值与相应年份真实值的平均相对误差率分别约为 10.33%和 8.44%，而且中国人均可支配收入的年度预测值与相应年份真实值的平均相对误差率仅为 1.77%。这也意味着，中国自美水产品进口水平 MGM（1，3）模型也具有相对较高的预测精度，据其可以计算得到 2018 年度的中国自美水产品进口额、进口量和中国人均可支配收入，然后利用等维灰数递补技术，最终可以计算得到 2019 年度中国自美水产品进口水平的预测值。

从预测值来看，2018 年中国自美水产品进口额预测值比实际值多 419 万美元，进口量的预测值比实际值多 2.008 3 万吨。据此可以判断，中美经贸摩擦的爆发导致中国自美水产品的进口量和进口额均出现了下降态势，这无疑也客观上增加了美国水产品的出口压力，并最终会对美国水产品生产者的经营效益产生负面影响。换言之，中美经贸摩擦的爆发客观上损害了现有美国水产品生产经营者的经济利益，考虑到同期中国水产品进口额和进口量同步增长的发展态势，可以进一步认为中美经贸摩擦并未对中国水产品进口造成消极影响，中国国内市场水产品消费需求的满足程度总体上并未因中美经贸摩擦的爆发而有所降低，反而是更多的国外水产品进入中国国内水产品流通市场，客观上还达到了提升中国国民水产品需求满足程度的目的。另外，相比于 2018 年，2019 年度的中国自美水产品进口额和进口量预测值均呈下降态势，这意味着中美经贸摩擦的持续加剧将会进一步压缩中国自美水产品的进口规模，从而会进一步损害美国水产品生产经营者的经济利益。

2. 中国对美水产品出口水平预测

为了考察中美经贸摩擦对中国对美水产品出口水平的影响程度，课题组选择中国对美水产品出口额、出口量和美国人均可支配收入（单位：美元）3 个关联因素的原始数列，构建中国对美水产品出口水平 MGM（1，3）预测模型，同理使用 Matlab 软件计算。计算 2002—2017 年中国对美水产品出口额和出口量的年度预测值与相应年份真实值的平均相对误差率分别约为 10.14%和 11.69%，而且美国人均可支配收入（单位：美元）的年度预测值与相应年份真实值的平均相对误差率仅为 1.44%。这也意味着，中国对美水产品进口水平 MGM（1，3）模型也具有较高的预测精度，据其可以计算得到 2018 年度的中国对美水产品出口额、出口量和美国人均可支配收入，然后利用等维灰数递补技术，最终可以计算得到 2019 年度中国对美水产品出口水平的预测值。

从预测值来看，2018 年中国对美水产品出口额预测值比实际值多了 138.80 亿元，出口量的预测值比实际值多了 53.79 万吨。据此判断，显然中美经贸摩擦导致中国对美水产品的出口量和出口额受到挤压，从理论上来讲这客观上也给中国水产品出口增大了压力，并会影响到中国水产品生产者的经营效益。但从实际情况来看，相比于 2017 年，中美经贸摩擦却并未明显对中国对美水产品出口产生负面影响，相反从中国对美水产品实际出口水平来看还出现了“量额双增”的现象，即中国对美水产品的出口额、出口量分别从 2017 年的 193.75 亿元、51.36 万吨增至 2018 年的 200.67 亿元、51.47 万吨。而且，相比于 2018 年，2019 年度的中国对美水产品出口额和进口量的预测值均呈大幅增长态势。所以，整体上可以认为由于贸易替代效应的存在，中美经贸摩擦并未对中国对美水产品出口造成显著的挤压作用，相比于美国水产品生产者经济利益对华出口遭受的潜在损失，中国对美出口水产品生产者的经济利益在总量上并未受到明显的波及。

四、促进中国水产品国际贸易高质量发展的政策选择

1. 加强水产品贸易国际合作，进一步拓宽水产品贸易渠道

尽管随着《中华人民共和国政府和美利坚合众国政府经济贸易协议》的签署实施，中美经贸摩擦已暂告一段落，但针对当前复杂多变的国际政治经济环境、逐渐抬头的贸易保护主义以及形式多样的水产品贸易壁垒，实践中还要巩固深化水产品国际合作。通过进一步扩大开放，鼓励有实力的水产品经营企业“走出去”，开展水产品生产加工合作与投资活动，巩固并深化现有的水产品国际合作关系。充分利用“一带一路”发展机遇，加强与沿线重要伙伴国水产、商务部门的合作，及时获得并向国内水产品生产加工和贸易企业传递最新的水产品市场信息，重点关注国外技术标准、卫生安全标准、重大食品安全事件消息，帮助国内水产品加工企业及时调整生产与国外标准接轨。同时，在维护好

现有水产贸易主要伙伴关系并充分发掘贸易潜力的基础上，积极开拓新的水产品贸易市场，发展新的水产品贸易关系，以便让中国的水产品进入更多的国家和地区。目前，中国在东盟十国中主要的水产品贸易伙伴仍以菲律宾、泰国、越南、印尼为主，与其他国家如老挝、缅甸、柬埔寨等的水产品贸易规模则很小，尚未充分将“一带一路”倡议中的机遇以及中非、中国—东盟多边关系的优势利用起来，水产贸易市场潜力有待进一步深挖。

2. 调整渔业生产结构，提升高端水产品有效供给水平

针对中国水产品贸易目前存在的供求结构性矛盾，下一步应加快调整渔业生产的品种结构，着力增加高端水产品的生产和加工。一方面，通过建立高端水产品种质研发中心，加强高端水产品品种的培育与推广，在努力提高国内高端水产品自给水平的同时，也有效提升中国出口水产品的国际竞争力。另一方面，加大水产品加工技术研发投入，支持水产品加工企业技术革新和流程再造，同时加强水产品冷链物流体系建设，以此为中国水产品及其加工成品的高端化发展和高效出口保驾护航。

3. 强化水产品质量监督，完善水产品贸易预警体系建设

为了应对中国水产品出口面临的贸易壁垒，积极完善水产品生产质量监督体系，重点做好水产品质量追溯体系建设工作。通过全面提升中国水产品的质量安全标准，最大限度地提高中国出口水产品的品质和国际贸易竞争力，为中国水产品走向世界保驾护航。同时，要进一步完善水产品贸易预警体系的建设工作，重点通过加强政府、水产品贸易协会、水产品经营企业之间的信息沟通与实时共享，有效促进各个经济主体之间的联动和协调，通过及时监测水产品贸易动态，最终达到共同应对潜在的水产品国际贸易争端的目的。

2019 年中国水果价格变动的影响、原因和对策

2019 年中国水果价格经历了“过山车”式的大幅波动。2019 年上半年，农业农村部重点监测的 7 种水果的全国平均批发价格为 6.70 元/千克，同比增涨 22.3%；下半年均价降至 6.29 元/千克，环比下降 6.2%；其中苹果价格在大幅震荡中维持长期的波动上涨趋势。水果价格变动的背后原因，既有成本高涨、需求旺盛和进口冲击等长期因素，也包括极端天气、气候灾害等短期因素，同时可能存在周期重叠等综合原因。找到国内水果价格不断上涨和剧烈波动的内在原因至关重要，不仅能为中国稳定水果价格政策提供支撑，也将减少市场波动对生产者、消费者以及贸易商的冲击。

一、水果价格变动的影响

考虑到水果在中国生产、消费和贸易中的重要地位，水果价格的上涨及大幅波动无论是对生产者、消费者，还是贸易商来说都可能会产生不可忽视的冲击和影响。

从生产者角度看，水果是中国农产品中重要的经济作物。中国是世界第一水果大国，根据联合国粮农组织数据库（FAO），中国水果种植面积占世界种植面积的 27.9%，产量占世界的 26.4%，且二者均呈增长态势。同时，由于水果比较收益高且有益于营养健康，在农民增收和消费需求的驱动下，中国水果产量和种植面积均呈快速上涨趋势。国家统计局数据显示，果园面积从 1990 年的 517.9 万公顷增加到 2018 年的 1 187.5 万公顷，增幅为 1.29 倍；水果产量从 1996 年的 4 652.8 万吨增加到 2018 年的 2.57 亿吨，增幅约达 4.52 倍。但近年来土地成本和人工成本的刚性上升大大压缩了果农的利润空间，一旦水果价格大幅度波动，将会与成本形成挤压效应，可能给果农带来巨大的损失。

从消费者角度看，水果价格波动对消费者福利的冲击也不容忽视。随着社会经济的发展和居民营养健康饮食观念的提高，水果在中国人膳食结构中的地位愈发重要。国家统计局数据显示，2017 年中国城镇居民人均水果的消费量

为54.3千克，相当于每天摄入水果148.8克，比2013年增长了14.08%，但是仍然低于《中国居民膳食指南2016》推荐的每天200～350克的水果摄入量。未来，随着中国居民收入和健康观念进一步提高，水果将在居民消费结构中扮演越来越重要的角色。若水果价格大幅度上涨，可能会对消费者福利产生较大影响。

从贸易视角看，水果价格的上涨及波动会削弱中国水果的出口竞争力，损害出口商利益，同时也可能对世界市场产生影响。根据世界银行WITS数据库，中国水果在农产品贸易中占有重要地位，2018年，水果出口总额为71.6亿美元，居于美国、荷兰和西班牙之后，成为世界第四大水果出口国；水果出口额占中国农产品出口总额的8.9%。出口品种主要为苹果、梨、柑橘等传统水果，2017年的苹果出口量为132.8万吨，出口额占比接近世界总量的20%。水果价格上涨一方面会增加出口成本，削弱中国水果在国际市场上的竞争力，不利于中国水果的出口，这也可能是中国水果贸易由顺差转变为逆差的原因之一；另一方面又可能会引发贸易的“大国效应”，国内水果价格传导到世界水果市场，并对国际水果价格产生一定影响。

二、水果价格变动的原因分析——以苹果为例

苹果是中国最重要的水果品种，近年来价格大幅波动，且呈现不断波动上涨趋势。从长期看，2008—2013年富士苹果全国平均批发价格均值为5.75元/千克，2014—2019年均值上涨到7.66元/千克，增幅达33.2%；从短期来看，苹果价格在2019年7月中旬达到了最高的13.21元/千克，比2019年第一季度均值的7.79元/千克上涨了70%，近几个月价格开始回落，现已回落至7元/千克左右，比最高点下降了47%。

1. 天气因素等引致的供求失衡是造成苹果价格大幅度波动的直接原因

2018年是苹果生产的“小年”，根据国家统计局的数据，从全国来看，2018年全国苹果总产量为3 923万吨，同比下降5.2%，降幅高达216万吨，基本相当于整个河北省的苹果产量。从各省的情况看，2018年苹果产量高于200万吨的省有7个，分别为陕西、山东、河南、山西、甘肃、辽宁与河北，总产量占全国苹果产量的93%。和2017年的产量相比，除了山东有1%的增幅外，其余6个省都出现了产量下滑的状况，尤其是苹果产量居于首位的陕西省在2018年的产量下降幅度高达8%。主要原因在于倒春寒导致陕西等主产区的苹果大幅度减产，造成供小于求，拉动价格急剧上涨。2019年苹果丰收，下半年各地苹果大量上市，进一步刺激了供求关系，造成供大于求，苹果价格

一落千丈。

2. 生长周期、供应周期和价格周期的“三期重叠”效应是苹果价格大幅上涨的本质诱因

生长周期主要指农作物的寿命周期，对于苹果树而言一般为 15～20 年，在苹果树从盛果期进入衰退期后，苹果产量会逐年下降。根据课题组在辽宁和山东的调研状况，近年来众多农户的果树进入了衰退期，由于经济效益下降，部分农户选择砍掉果树而改种其他经济作物。供应周期一般是指年度供应周期，苹果在一年内会经历 8 月底至次年 11 月底的集中上市期和 11 月中旬至次年 8 月的冷储供货期，冷储供货期可以保障苹果在全年的供应。根据库存苹果的数量划分，11 月中旬至次年 5 月为一般供货期，6—8 月为供应短缺期。价格周期是指苹果价格的“大小年”，2019 年正逢苹果价格周期的高位。总的来看，2019 年苹果价格大涨的时间节点恰好为冷储供货期的中后期，此时库存苹果数量和质量都较低，无法满足消费者的旺盛需求；而苹果价格急速下跌的时点为 2019 年新苹果大量成熟的集中上市期。因此，生长周期、供应周期和价格周期呈现了“三期重叠”效应，再加上极端天气的影响，共同造成了苹果市场的供不应求，苹果价格大幅上涨。

3. 苹果种植成本的不断上涨是推动苹果价格高涨的根本原因

根据《农产品成本资料收益汇编》相关数据，2017 年全国苹果总生产成本为 4 887 元/亩，比 2010 年增长近 27%，山西、山东和陕西 3 个苹果主产省的生产成本增幅更是高达 112%、74%和 78%。人工成本的大幅上涨推动了总成本快速增长，从占比来看，2017 年苹果的全国平均人工成本占总成本的比重高达 64%，比 2010 年增长了 20 个百分点；从绝对值来看，2017 全国平均人工成本比 2010 年的水平增长了 82%，3 个主产省的人工成本都已翻倍。同时，土地成本也有一定程度的上涨，2017 年全国、山西和山东的苹果种植土地成本比 2010 年分别增长了 23%、55%和 57%。成本的上涨对苹果价格产生了由下及上的“地板式”托举效应，这是苹果价格长期以来稳步增长的关键推力。

4. 供应链各环节的市场势力对价格的层层加码是苹果价格上涨的重要诱因

流通环节过多使消费者承担了不必要的成本，具体就反映在价格上。根据《农产品成本资料收益汇编》数据，2017 年全国苹果的平均生产者价格为 3.22 元/千克，其中总成本高达 2.32 元/千克，农民的利润空间仅为 0.9 元/千克；同时，农业农村部发布的全国苹果批发市场平均价格达到了 6.82 元/千克，其中广州市江南农副产品市场的批发价更是为 7.34 元/千克，批发商的加价空间为3.6元/千克，大约是农民利润的4倍；到零售端，商务部公布的50个城市的全国苹果平均出售价格为11.94元/千克，零售商的加价空间上涨到了5.12元/千克，大约是批发商的1.4倍、农民的5.6倍。近年来互联网和电商等新型业态的形成、集市缩小可能会导致零售端市场势力的形成，形成垄断价格。

5. 进口规模的增加和进口市场势力的抬价也是苹果价格上涨的关键因素

中国水果进口量从2007年的145.5万吨增长到2017年的474.7万吨；同时，中国水果进口平均价格存在大幅度持续上涨态势，与1992—2000年的平均进口价格相比，2001—2010年的进口水果平均价格涨幅为37.2%，2011—2017年的涨幅更是高达129.4%。这也引发了关于水果进口市场的市场势力显著存在的猜测，作者运用联立结构方程模型和1992—2017年的水果进口数据进行了实证测算，发现中国的水果进口市场存在显著的市场势力。可见，在水果进口过程中，市场势力引致的加价控制能力是推动水果进口价格上涨的不容忽视的重要因素之一。在进口水果规模逐渐扩大的背景下，其对国内市场水果价格的传导和冲击作用是推动国内水果价格上涨的可能原因。

综上所述，苹果价格不断上涨和震荡波动的原因主要是短期内天气因素的直接冲击、"三期重叠"效应的综合影响、以人工成本为代表的生产成本上升、供应链各环节的市场势力和进口市场的市场势力的长期推动。因此，应该多方入手，制定稳定国内水果价格的综合政策措施。

三、稳定中国水果价格的政策措施

中国正处于城镇化和工业化快速发展的进程中，伴随农业劳动力的转移、城镇人口的增加、水果种植劳动力的减少以及水果生产经营各项成本的增加，水果价格涨落的不稳定性因素必将长期存在，有必要建立稳定水果价格的长效机制：

1. 强化价格监测，建立价格预警体系

建立和完善涵盖对中国主要水果出口国的国内市场价格、中国水果进口价格、国内多级批发市场和国内不同零售业态的进口水果零售价格等在内的水果价格监测、预警与发布体系，定期对整个价格体系进行价格信息的分析研讨和公开发布，保证进口水果市场价格的稳定、公开与透明。

2. 选择主导品种，以点带面稳定价格

选择苹果、梨、柑橘等大宗水果品种作为水果价格稳定的"压舱石"，有效识别主导水果品种的生长周期、供应周期和价格周期，避免"三期重叠"效应。在供应短缺期，一方面要通过补贴等方式对应急上市的冷库水果进行补贴，另一方面参照近期政府对猪肉价格的稳定方案，加大进口调控力度。

3. 加强监管监督，促进水果市场公平

由于水果的国内各产业链环节以及进口市场内都存在一定的市场势力，要加强对水果进口商、国内批发商、国内零售商及零售平台的监管，对利用资本等手段进行囤积居奇、价格炒作影响进口市场公平的对象进行约谈和有效管制，保障进口市场和国内市场的公平竞争环境。

4. 完善基础设施，建立水果储备计划

加强对水果种植用地范围内基础设施的投资力度，给予建设水果冷储仓库设施以财政补贴，并依托冷库建立国家水果储备战略计划。生产者可以选择是否加入该计划，加入该计划的水果生产者可以低价使用国家建设的冷库，一旦发生市场价格的波动，国家有权调动库存水果的上市。

基于结构方程模型的中国果汁进口市场势力测算与判别

一、引言

当前，居民食物消费方式和观念正在发生重大转变。在消费越来越便利化，新型业态尤其是电商销售的崛起等外部消费环境不断变化，以及在外饮食消费比例不断上升、休闲生活模式日趋形成的背景下，果汁作为美味、低脂、富含植物纤维和维生素类营养物质的代表性消费品之一，已成为居民日常消费摄入的重要组成部分。

中国果汁人均消费总体低于世界平均水平。根据《中国食品工业统计年鉴》和联合国商品贸易统计数据库（comtrade. un. org）的数据，2016 年中国人均果汁消费量①为 17.05 千克/人，是 2000 年 0.65 千克/人的 26 倍以上。2017 年中国橘汁的人均消费量为 0.069 千克，远远低于美国的 32.85 千克。因此，在中国经济不断发展和居民消费模式向发达国家靠近的趋势下，中国果汁总需求将会继续增长，尤其是进口的高质量果汁产品可能越来越受消费者青睐。

从往年的果汁进口变动特征看，果汁进口规模不断扩大，进口来源国相对集中，进口价格总体呈上升趋势。2017 年中国果汁进口量和进口额分别为 14.01 万吨和 2.83 亿美元，与 2000 年相比增幅分别高达 8.5 倍和 19.4 倍。果汁的进口来源国主要集中于巴西、美国等国，2017 年中国从果汁进口额位居前五的国家的进口金额占中国从世界进口果汁金额的 65%。同时，果汁进口价格从 2000 年的 0.94 美元/千克提高到 2017 年的 2.02 美元/千克，增幅达 1.14 倍。在果汁价格稳步上涨条件下，进口果汁价格对国内果汁市场和水果市场的冲击、传导以及溢价效应不容忽视，尤其是对国内果汁厂商产量的冲击已经显现，自 2013 年以来，中国果汁及饮料的国内产量基本在 2 400 万吨左右徘徊。在果汁进口规模和进口价格双增及进口来源地日趋集中背景下，中国的进口果汁市场是否存在不公平的市场竞争和人为操纵市场行为就成为需要关

① 人均果汁消费量=（果蔬汁及饮料产量+果汁进口量－果汁出口量）/总人口。

注的对象，开展中国果汁进口市场是否存在市场势力的研究就变得十分必要。这也是本研究的出发点和立足点。

国际贸易的市场势力是指在非完全竞争的国际贸易市场上一个国家的市场定价能力。市场势力测度方法主要分为两类：一类是传统的结构主义方法，基于结构主义学派的思想通过构建相关指数来量化市场结构，进而测算市场势力，这些指数主要包括勒纳指数、市场集中度、赫芬达尔-赫希曼指数等，但是众多学者认为该方法不能准确测度市场势力。另一类测算市场势力的方法是基于新经验产业组织理论和计量经济模型的实证方法，广泛应用的模型包括价格—边际成本（PCM）模型、剩余需求弹性（RDE）模型、依市定价（PTM）模型和联立结构方程（SSE）模型。

已有文献运用新经验产业组织理论的实证方法测算了中国农产品国际贸易市场的市场势力。张复宏等（2019）采用 RDE 模型对中美两个苹果生产大国在“一带一路”沿线共同目标市场的市场势力进行对比分析，结果显示，中国凭借较高的市场份额在东盟市场形成了较强的市场势力，相比之下，美国凭借丰富的出口品种、较低的市场价格在南亚、中东等国家构筑了一定的市场势力。陈博文等（2015）通过 RDE 模型测算了中国大米的市场势力，其研究表明泰国在中国大米进口市场上的市场势力相对较弱，越南、巴基斯坦则拥有相对较强的市场势力，并进一步指出双边相关重大贸易政策的调整可能对出口国的市场势力有所影响。阚大学（2012）运用 PCM 模型对中国水果在主要出口国市场的国际市场势力进行了实证分析，结果表明中国通过加入世界贸易组织（WTO）使水果产业的国际市场势力有所下降。另外，李晓钟和王斌（2010）、张复宏等（2012）、冯玉洁和祁春节（2015）等学者基于 RDE 模型分析了中国水果出口市场的市场势力，得到基本一致的结论，即中国的水果出口在某些国家或地区的市场上具有一定的市场势力，但是与出口目标市场的主要竞争国相比，现实的市场势力并不明显。

总的来看，现有文献主要集中在分析粮食、水果等主要农产品的国际贸易市场势力上，国内分析中国果汁产品进口市场势力的文献几乎没有。以往研究运用的 PCM、RDE 和 PTM 模型的估计和应用虽简便易行，但仍存在缺乏稳固的理论基础、对所运用的测算数据要求较高、部分假定与现实存在一定的距离等问题。与此相比，联立结构方程模型具有良好的理论基础，测度市场实力的准确性较高，是分析国家进出口控价能力的重要方法。据此，本研究采用联立方程模型对中国果汁进口的影响因素进行实证分析，并验证和测算中国果汁进口市场的市场势力，以期通过理论和实证分析，为中国果汁贸易市场制定安全与稳定的政策提供证据。

二、中国果汁进口市场特征分析

无论是在经济高速增长期还是进入经济新常态增长期，中国果汁进口量和进口额均呈现出快速增长趋势。在经济高速增长的2000—2011年，除金融危机导致2008年果汁进口有较大幅度的减少外，整体上涨态势明显：这一时期中国果汁进口量从2000年的1.47万吨增加到2011年的10.71万吨，增幅达6.2倍；果汁进口额也由2000年的0.14亿美元增加到2011年的2.28亿美元，增幅更是达到了15.2倍。在2012—2017年的经济新常态增长期，中国果汁进口规模总体呈扩大态势。2017年的果汁进口量增加到14.01万吨，与2011年相比增幅达30.9%；同时，中国果汁进口额的增长也基本遵循这一趋势，2017年达到了2.83亿美元，相比于2011年进口额增幅达23.8%。

在经济全球化和区域贸易合作日益深化的背景下，中国从与中国签订区域贸易协定（Regional Trading Agreements，RTA）国家进口的果汁规模呈不断扩大态势。2003年从与中国签订RTA国家进口量仅为984吨，占总进口量的1.57%；2016年则增长到了1.88万吨，占总进口量的比重也达到了历史最高值，为16.44%；2017年进口量更是达到了2万吨，比重略下降到14.24%。从进口额来看，中国对与中国签订RTA国家的果汁进口额从2003年的63.58万美元增加到2017年的6 640.86万美元，占中国果汁进口总额的比重也由0.85%上升到23.49%。可见，与中国签订区域贸易协定的国家在中国果汁进口市场上扮演着越来越重要的角色。

在中国果汁总体进口规模持续扩张的同时，果汁的进口来源国主要集中于巴西、以色列、韩国、美国和西班牙等国家。从果汁总体的进口来源国结构来看，2017年中国果汁进口额排名前五位的国家分别为巴西、以色列、韩国、美国和西班牙，从这5个国家的进口总额达到了1.84亿美元，占中国果汁进口总额的65.09%，而2000年从这5个国家的进口总额仅为1 000万美元，占中国果汁进口总额的72.18%。可见，中国果汁进口结构中存在着进口来源国相对集中的特征。

同时，中国进口果汁的产品类别也相对集中，橘汁和葡萄汁是中国进口额中位居前两位的果汁品种。从历史变动特征来看，在2000—2011年的经济高速增长期，橘汁进口额从2000年的935.57万美元增加到2011年的1.65亿美元，占果汁进口总额的比重也从67.52%上升到72.25%；葡萄汁的进口额从2000年的87.95万美元增加到2011年的2 640.52万美元，占果汁进口总额的比重从6.35%上升到11.56%。在2012—2017年的经济新常态增长期，橘汁进口额有所下滑，2017 年橘汁进口额为 1.28 亿美元，占比降到了 45.34%；葡萄汁进口额呈现出先下降后上升的趋势，2017 年的进口额为 2 691.03 万美元，占比为 9.52%。这可能是因为近年来中国居民对果汁消费逐步呈现多元化趋势，才导致除橘汁和葡萄汁之外的柠檬汁、葡萄柚汁、菠萝汁和苹果汁等果汁的进口都有所增长。

进一步从橘汁和葡萄汁的进口来源市场结构看，橘汁的进口来源国尤其集中，葡萄汁的进口来源国的集中度也相对较高。一方面，2017 年中国橘汁进口额排名前五位的国家分别为巴西、以色列、法国、哥斯达黎加和匈牙利，进口额分别为 7 815.8 万美元、2 800.4 万美元、421.8 万美元、324.6 万美元和 304.5 万美元，占该年份中国橘汁进口总额的比重高达 91.02%，尤其是从巴西进口的橘汁价值占 2017 年中国橘汁进口总额的 60.97%，接近 2/3，这可能与巴西是世界最大的柑橘生产国有密切关系，因为这可以为其果汁的生产带来绝对成本优势。另一方面，2017 年中国葡萄汁进口额居于前五位的国家与橘汁有所不同，分别为美国、以色列、马来西亚、德国和阿根廷，进口额在 158.3 万～883.6 万美元，来源于这 5 个国家的进口额占中国葡萄汁进口总额的 71.63%，也具有相当高的国别集中度，其中美国也是世界葡萄的重要产地。

最后，从中国果汁的进口价格来看，中国果汁总体的进口价格呈现出快速上涨的特征。中国果汁总体的进口价格，在 1992 年仅为 0.794 美元/千克，2000 年上升到 0.940 美元/千克，2011 年和 2017 年分别进一步上涨到了 2.133 美元/千克和 2.018 美元/千克，2017 年相比于 1992 年、2000 年的增幅分别为 1.54 倍和 1.15 倍。从不同时期来看，在 2000—2011 年的经济高速增长期，果汁总体平均价格为 1.397 美元/千克；到 2012—2017 年的经济新常态增长期，中国果汁总体进口均价增加为 2.119 美元/千克，比上一时期增长了 51.6%。

从具体果汁品种来看，各类果汁的进口价格也基本呈现上涨趋势。柠檬汁的进口价格增幅最大，从 2000 年的 1.097 美元/千克增加到 2017 年 2.329 美元/千克，增长了近 1.12 倍；同期，葡萄汁、橘汁、菠萝汁、苹果汁和葡萄柚汁的进口价格上涨幅度分别为 89%、82%、67%、56%和 30%。从 2000—2011 年的经济高速增长期到 2012—2017 年的经济新常态增长期，中国的橘汁、柠檬汁、葡萄汁、苹果汁和葡萄柚汁的进口价格均值都在增长，增幅为 17.0%～46.8%，只有菠萝汁有 1.3%轻微幅度的下滑。

综合以上分析可以看出，在中国果汁进口规模和种类不断扩大和丰富的过程中，进口市场的相对集中、进口价格的快速上涨以及进口来源国的自身特征均表明，中国果汁进口市场可能存在一定的市场势力，并导致不公平竞争。结合理论来看，其背后的原因主要是：

一方面，根据产业组织理论中传统的结构一行为一绩效（SCP）范式，结构决定绩效，市场集中度越高可能市场势力越强，而中国果汁进口不仅集中于少数国家，2017 年中国果汁进口额排前五位国家占中国果汁进口总额的 65%，而且范围很广，2017 年从 77 个国家进口了果汁，可见少数几家大出口国占据了大部分市场，同时产业内还有很多小出口国占有小部分市场，基本符合多寡头垄断市场的主要特征。

另一方面，市场势力的基本含义是企业（出口国）将出售价格（出口价格）提高在边际成本之上而获利的能力，因此中国果汁进口价格高涨的背后很可能是市场势力在推波助澜，这也是出口国为阻止新企业进入该市场而设立的价格障碍。同时，绝对成本优势是另外一个重要的进入障碍，果汁出口国的绝对成本优势在于靠近水果原产地，因而大大降低了加工、运输、仓储等生产成本，比如巴西是中国果汁和橘汁的第一大进口来源国，同时，巴西也是世界柑橘的第一大生产国，巴西的 Citrosuco 公司是世界上最大的橘汁生产公司，其与巴西 Citrovita 合并成立的橘汁公司控制了全球 1/4 的橘汁市场，可见绝对成本优势等导致其他国家再进入中国果汁进口市场的壁垒很高，这也是不完全竞争市场的特点之一。

总之，上述事实均表明中国果汁进口市场可能存在一定的市场势力，本文接下来的部分就是要通过新经验产业组织理论方法对中国果汁进口市场的市场势力进行更加精准和稳健的实证测算和判别。

三、方法和数据

（一）理论框架假定与模型设定

在产业组织理论中，市场结构是规定构成市场的卖者相互之间、买者相互之间以及买者和卖者集团之间诸关系的因素与特征，其基本类型主要包括四类：完全竞争市场、垄断竞争市场、寡头垄断市场和完全垄断市场。其中，完全竞争市场不存在市场势力，另外三者都存在市场势力。由于中国果汁进口市场可能存在一定的市场势力，同时考虑到中国果汁进口市场上各出口国的主要竞争方式是通过对中国出口量的竞争，即市场势力来源于对中国的出口量，出口量高的国家可能在市场势力形成过程中发挥更加重要的作用。因此，本研究假定中国果汁进口市场为古诺多寡头垄断市场，各出口国通过选择对中国的出口量竞争，从而在古诺博弈中达到纳什均衡（即古诺均衡）。具体做法是建立联立结构方程模型，实证估计水果进口市场中的市场势力与勒纳指数，从而对市场势力进行判别。

联立结构方程模型主要分为两类，第一类是结构方程模型中包括 Appelbaum（1982）提出的具体生产或成本函数的生产理论的方法，第二类是只需一个供给或需求方程与利润最大化的平衡条件方程构成联立方程模型的一般化识别方法。本文运用第二类的一般化识别方法构建联立结构方程模型。同时依据 Perloff 和 Shen（2012）的建议，将进口数量设定为对数函数形式来规避完全的多重共线性问题。

在联立结构方程模型中，边际成本模型设定为 Bresnahan（1982）和 Deodhar 和 Sheldon（1997）：

$$MC(w,r,Q)=\alpha_0+\alpha_1 p_F+\alpha_2 r+\alpha_3 e+\gamma Q+\varepsilon \tag{1}$$

其中，MC 代表边际成本；p_F 表示进口来源国对中国出口果汁的价格；r 表示反映双边运费变量，本文用双边地理距离来表示；e 为两国的汇率；Q 表示中国的果汁进口量；α_0、α_1、α_2、α_3、γ 为待估计参数；w 代表除运费、中国果汁进口量以外的其他控制变量；ε 为随机误差项。

同时，根据 Perloff 和 Shen（2012）的做法，在中国果汁进口需求方程模型中，把进口需求量 Q 设定为对数形式，即：

$$\ln Q=\frac{\beta_0}{(\beta_1+\beta_2 Z)}-\frac{p}{(\beta_1+\beta_2 Z)}+\frac{\beta_3 p_0}{(\beta_1+\beta_2 Z)}+\frac{\beta_4 RTA}{(\beta_1+\beta_2 Z)}+\mu \tag{2}$$

根据产业组织理论中的传统表达方式，习惯将式（2）写成需求的逆函数：

$$p=\beta_0-(\beta_1+\beta_2 Z)\ln Q+\beta_3 p_0+\beta_4 RTA+\mu \tag{3}$$

其中，p 为进口价格；Z 为外生变量，可以用国内生产总值（GDP）表示；p_0 作为进口果汁的替代价格的水果进口价格；RTA 为是否签订区域贸易协定的虚拟变量；β_0、β_1、β_2、β_3、β_4 为待估计参数；μ 为随机误差项。

进口果汁的需求价格弹性的计算公式为：

$$\eta_1=\frac{\partial Q/Q}{\partial p/p}=-\frac{1}{(\beta_1+\beta_2 Z)}p \tag{4}$$

同时也可得到进口价格对进口量的边际效果为：

$$\frac{dp}{dQ}=-(\beta_1+\beta_2 Z)\frac{1}{Q} \tag{5}$$

当进口水果市场为完全竞争市场时，$p=MC$。当存在非完全竞争时，根据市场均衡的优化条件，即边际收入等于边际成本，假设进口果汁市场由 n 个不同来源地的产品进口商构成，即 $Q=\sum_{j=1}^{n}Q^j$，且假定进口商的边际成本相同。对于存在的任一代表性进口商 j，如果其产量为 Q^j，则其利润函数可以表示为：

$$\pi^j = p(Q,Z,p_0,RTA) \times Q^j - MC \times Q^j \tag{6}$$

根据利润最大化的一阶条件可得：

$$MR^j = p(Q,Z,p_0,RTA) + \frac{\partial p(Q,Z,p_0,RTA)}{\partial Q} \frac{\partial Q}{\partial Q_j} \frac{Q^j}{Q} Q = MC \tag{7}$$

进一步用 $\lambda^j = \frac{\partial Q}{\partial Q_j} \frac{Q^j}{Q}$ 表示推测变动弹性，并根据 Appelbaum（1982）的假定，当各进口商的边际成本相等时，达到古诺—纳什均衡的各进口商的 λ^j 取相同值 λ，则式（7）可简化为：

$$MR(\lambda) = p(Q,Z,p_0,RTA) + \lambda \frac{\partial p(Q,Z,p_0,RTA)}{\partial Q} Q = MC \tag{8}$$

其中，λ 是表示市场势力的指标，当 $\lambda=0$ 时，表示市场结构为完全竞争市场；当 $\lambda=1$ 时，表示为垄断市场；当 $0<\lambda<1$ 时，表示为寡头垄断市场，即满足古诺-纳什均衡时，该 λ 值为寡头市场中对手间的推测变动弹性。据此进一步得到勒纳指数，即：

$$LI = \frac{(p - MC)}{p} = \frac{\lambda}{\eta_1} \tag{9}$$

当把 MC 式（1）和边际效果式（5）代入到式（8），可得到市场均衡条件方程模型：

$$p = \alpha_0 + \alpha_1 p_F + \alpha_2 r + \alpha_3 e + \gamma Q + \lambda(\beta_1 + \beta_2 Z) + \varepsilon \tag{10}$$

可见，通过估计非线性联立结构方程模型式（3）和式（10），则可得到市场势力指标 λ 的估计值以及相关价格弹性。

（二）数据

由于果汁进口数据样本量的限制，本研究所用的数据主要来自 1992—2017 年中国 79 个果汁进口来源国家或地区的混合数据，把中国的果汁进口额和进口量为零的样本都剔除后，可用于模型估计的样本数为 800。果汁的定义界定为海关协调代码（HS）中代码为 200911、200919、200920、200930、200940、200960、200970、200980 和 200990 的商品。其中，果汁贸易数据主要来源于世界银行 WITS 数据库①。进出口价格是根据贸易额与贸易量的比值

① 世界银行 WITS 数据库（https：//wits. worldbank. org/gptad. html）。

计算的单位价值；GDP 和汇率数据来源于联合国国家账户数据库①；中国和其他果汁贸易国的双边距离数据来自法国国际信息和展望研究中心（CEPII）数据库②；区域贸易协定数据根据联合国区域贸易协定网站的相关数据③整理。主要变量的统计描述结果见表 1。

从表 1 可以看出，中国从各国果汁进口量的均值为 1 789 吨，标准差为 6 096吨，中国从单个国家进口果汁量最大为 5.84 万吨。中国的果汁进口价格为 2.155 美元/千克，波动区间为 0.117 美元/千克至 23.000 美元/千克，标准差为 2.338 美元/千克。同时，中国向世界各国出口果汁的离岸价格（FOB）可以衡量出口成本，其均值为 2.125 美元/千克，最大值为 19.474 美元/千克。作为果汁进口替代品的水果进口价格的均值为 2.361 美元/千克，要高于中国果汁的进口价格，其最小值和最大值分别为 0.125 美元/千克和 27.182 美元/千克。

表 1　统计描述

变量名	单位	均值	标准差	最小值	最大值
连续型变量					
中国果汁进口量	千吨	1.789	6.096	0.003[a]	58.421
中国果汁进口价格	美元/千克	2.155	2.338	0.117	23.000
中国 GDP 指数	1992 年=100	554.738	272.943	100.000	981.050
中国水果进口价格	美元/千克	2.361	2.501	0.125	27.182
对中国果汁出口价格	美元/千克	2.125	2.571	0.039[a]	19.474
两国间距离	千公里	7.821	4.297	1.168	19.110
汇率	千当地货币/美元	0.820	3.464	0.001	33.226
虚拟变量					
是否与中国签订 RTA	是=1，否=0	0.160	0.367	0.000	1.000

注：a 表示为了避免数值较小显示为零，而将其乘以 1 000 后在表中显示。

数据来源：世界银行 WITS 数据库；联合国国家账户数据库；法国国际信息和展望研究中心（CEPII）数据库；联合国区域贸易协定网站样本数为 800。

① 联合国国家账户数据库（https：//unstats. un. org/unsd/snaama/Downloads）。

② 法国国际信息和展望研究中心（CEPII）数据库（http：//www. cepii. fr/CEPII/）。

③ 联合国区域贸易协定网站（http：//rtais. wto. org/UI/PublicMaintainRTAHome. aspx）。

四、实证结果分析

本研究基于式（3）和式（10）的联立方程模型，估计出联立结构方程模型，并进行相关检验，进一步计算了进口水果平均需求价格弹性和平均勒纳指数，具体结果见表2。由于果汁进口价格是根据果汁进口额与果汁进口量的商计算出来的，所以果汁进口价格和果汁进口量存在相关关系，为了避免模型估计产生内生性问题从而导致估计系数有偏，因此，本文运用广义矩估计法（GMM）对该联立方程模型进行估计。其中，对于中国果汁进口价格变量，所选取的工具变量为各国对中国水果出口的价格和各国对世界水果出口的价格，对于中国果汁进口量变量，所选取的工具变量为中国水果进口量。在模型的估计中，工具变量过度识别检验的 Hansen's J 统计量不显著，说明不能拒绝无过度识别的原假设。接下来主要对估计结果进行分析和说明。

表2　联立结构方程模型的广义矩估计结果

变量	系数值	GMM 稳健标准误
需求方程		
常数项	0.455	0.325
中国果汁进口量的对数值（$\ln Q$）	0.161***	0.182
中国 GDP 与中国果汁进口量对数值的交叉项（$Z\ln Q$）	0.002	0.001
中国水果进口价格（p_0）	−0.112	0.142
是否与中国签订 RTA（RTA）	0.392	0.296
市场均衡条件方程		
常数项	−0.095	0.254
世界各国对中国果汁出口价格（P_F）	0.447***	0.063
双边距离（r）	0.079**	0.040
双边汇率（e）	−0.030***	0.010
中国果汁进口量（Q）	−0.098	0.099
市场势力指标	0.738***	0.226
过度识别检验（原假设：模型无过度识别）		

（续）

变量	系数值	GMM 稳健标准误
Hansen's J 统计量（卡方值）	0.415	
概率值（P 值）	0.520	
弹性、勒纳指数和边际效果		
进口果汁平均需求价格弹性（η_1）	−1.796***	0.545
平均勒纳指数（LI）	0.411***	0.098
与中国签订 RTA 对果汁进口的影响（吨）	1 386.8***	339.5

注：***、** 和 * 分别表示 1%、5%和 10%的统计显著性水平。

从表 2 可以看出，双边距离的系数在 5%的统计显著性水平下显著不为零，中国果汁进口量的对数值、世界各国对中国果汁出口价格都在 1%的统计显著性水平下显著。其中，反映中国果汁进口市场的市场势力指标的系数值为 0.738，且在 1%统计显著性水平显著，说明中国果汁进口市场是非完全竞争市场，从而验证了前文提出的猜测，中国果汁进口市场存在显著的市场势力。根据式（9），进一步计算出中国果汁进口市场的平均勒纳指数为 0.411，且在 1%的统计显著性水平下显著，进一步证实了中国果汁进口市场存在个别国家的不公平市场竞争或人为操纵市场行为。

同时，从表 2 还可以看出，一方面，进口果汁的平均需求价格弹性（η_1）为−1.796，说明果汁进口价格增长 1%，能够使果汁进口量降低 1.796%。根据 WITS 数据库的贸易数据，2001—2017 年中国果汁进口价格的年均增速为 5.69%，在假定其他因素不变的条件下，预计 2020 年果汁进口价格将比 2017 年增长 18.06%，因此进口价格上涨将导致果汁进口量下降 32.4%。另一方面，相对于未与中国签订 RTA 的国家，中国从已与中国签订 RTA 的国家进口的果汁量多了 1 386.8 吨，这也表明 RTA 的签订对推动中国果汁进口发挥了重要作用。

果汁进口市场的市场势力反映出了中国果汁的进口来源国在进口市场的不公平竞争行为，这也是中国果汁进口价格上涨的一个重要原因。2019 年上半年中国国内水果价格不断攀升，除了极端天气、生产周期和水果进口因素外，作为水果替代品的果汁的进口价格的传导和溢出效应也不容忽视。进口价格变动的模拟结果也证实了确保国内果汁生产和有效供给以及保证进口价格稳定的重要性，并为保障中国居民日益增长的果汁需求提供了可能的路径。为了进一步推动中国果汁进口的发展，积极同相关国家开展自由贸易协定谈判，共同营造公平、和谐的市场竞争环境是行之有效的措施。

五、结论与政策含义

本研究在对中国果汁进口市场结构进行分析和总结的基础上，以1992—2017年79个国家或地区的果汁进口混合数据为基础，估计了中国果汁进口市场的结构方程模型，并对中国果汁进口市场是否存在市场势力进行了测算与判别。主要结论包括以下几点：

第一，中国果汁进口规模和进口价格呈现“双增”趋势，中国从与中国签订区域贸易协定（RTA）国家进口的果汁规模也呈不断扩大态势。同时，果汁的进口来源国主要集中于巴西、以色列、韩国、美国和西班牙等国家，进口产品类别也基本集中于橘汁和葡萄汁。

第二，中国果汁进口市场是不完全竞争市场，更接近于多寡头垄断的市场结构，存在显著的市场势力。运用联立结构方程模型计算出的反映中国果汁进口市场势力的指标系数值为0.738，平均勒纳指数值为0.411，果汁进口市场的市场势力反映出了中国的果汁进口来源国中可能存在个别国家的不公平市场竞争或人为操纵市场行为，这可能是中国果汁进口价格上涨的重要原因。

第三，果汁进口价格和签订区域贸易协定（RTA）对果汁进口需求有较大影响。中国果汁进口价格的不稳定可能会引致进口需求的较大波动，从而可能对中国果汁和水果的国内市场价格和供应造成一定程度的影响。同时，区域贸易协定的签订对推动中国果汁进口市场的发展发挥了重要作用。

目前中国居民的果汁需求呈现出刚性增长趋势，面对进口来源国的不公平市场竞争行为和果汁进口价格的增长态势，关键着力点之一是要依据维护进口市场公正公平竞争环境的相关法律法规体系，强化对果汁进口市场的监测、监控及监管；关键着力点之二是明晰进口果汁价格对国内果汁或水果价格推涨的作用机理，并尽可能减少进口价格对国内市场价格的传导溢出效应，同时也需要维持进口果汁价格的稳定并完善国内果汁价格形成机制；关键着力点之三是积极推动“一带一路”和自贸区谈判，为果汁的进口开辟出新的绿色通道；关键着力点之四是从国内生产出发，提高国内果汁品牌的市场竞争力，从而削弱进口果汁对果汁市场的控制能力，具体做法是借助供给侧结构性改革和农村一二三产业融合政策来大力发展国内果汁加工产业，保障优质、充足、多样的国内果汁供应。

蔬菜水果国际贸易形势跟踪

一、引言

随着世界经济的发展，全球农产品贸易快速增长，蔬菜和水果的总贸易额位居农产品贸易的第二位。根据世界贸易组织数据库可知，全球农产品出口额从 2007 年的 11 259.7 亿美元增加至 2017 年 17 384.8 亿美元，年均增长 4.4%，2017 年农产品出口额占世界商品总出口额的 9.8%。其中，蔬菜和水果分别占 2017 年农产品出口总额的 6.9%和 9.5%，合计达到了 16.4%，仅次于畜产品的 18.9%。可见，果蔬贸易在全球农产品贸易体系中扮演着重要角色，随着居民对蔬菜和水果消费需求的增长，冷藏、储存、运输等技术的发展和成本的降低，未来蔬菜和水果的贸易规模可能会进一步扩张。

中国是世界最大的蔬菜和水果生产国，国内果蔬产销存在地区不均衡。对于蔬菜生产，根据联合国粮农组织数据库的数据，2017 年中国蔬菜的总产量占到了世界的一半，是名副其实的蔬菜第一生产国。对于水果而言，2017 年中国水果的总产量占世界水果总产量的 1/3，是世界最大的水果生产国。同时地区间的蔬菜和水果供求都存在不平衡的局面，但是巨大的生产规模为果蔬的出口奠定了坚实的基础，而生产成本尤其是人工成本的急剧上升严重压缩了农民的利润空间，为果蔬价格的上涨埋下了隐患。

中国作为全球重要的农产品贸易大国，蔬菜和水果贸易的地位都非常突出。根据农业农村部发布的数据，2018 年中国的蔬菜出口总额达到 152.4 亿美元，进口总额仅为 8.3 亿美元，贸易顺差 144.1 亿美元，环比减少了 3.7%，是全球第一大蔬菜出口国。在 2018 年中国农产品出口结构中，蔬菜出口约占 19%，仅次于水产品。2018 中国的水果出口总额为 71.6 亿美元，为世界第四大水果出口国；进口总额为 82.4 亿美元，是世界第五大水果进口国。值得注意的是，水果进出口贸易差也由 2017 年的 8.2 亿美元的顺差转变为 2018 年的 12.6 亿美元的逆差。

在新时代背景下，未来中国蔬菜和水果贸易的机遇和挑战并存。随着世界经济的持续发展以及人们的健康膳食理念所引致的食物需求结构升级转型，需求端引致的未来果蔬贸易将具备巨大的潜力，作为目前世界最重要的果蔬出口国，中国的果蔬贸易市场可能会拥有巨大的机遇。但是，随着主要贸易国的果蔬国际竞争力的提高，果蔬国际市场的竞争会进一步加剧；同时，各国对于贸易壁垒尤其是绿色壁垒逐步加强，以高标准自贸区为基础的区域贸易合作也得到深化，再加上国内果蔬生产所带来的巨大资源环境压力，中国的蔬菜和水果贸易也将会面临非常严峻的挑战。

课题组对未来中国蔬菜水果贸易的基本判断为：从总量上看，蔬菜和水果的总贸易规模都将继续扩大，蔬菜贸易顺差将继续保持，水果贸易逆差将呈现常态化。从区域结构上看，水果出口主要向东南亚国家集聚，蔬菜出口主要向东盟、日本、韩国等中国周边国家集聚，水果进口向东南亚、美洲和大洋洲等土地资源利用较强的国家集中，尤其是以“开发进口”模式为代表的东南亚水果进口呈加剧扩大态势，蔬菜进口量很少，主要集中在东南亚国家。从产品结构上看，“高端进口、低端出口”的现象依然会存在，出口的水果主要为苹果、梨、柑橘等量大价低的传统水果，而进口的多为高附加值的樱桃、葡萄、火龙果、榴梿等品种。

基于以上背景，现阶段有必要对世界和中国的果蔬生产、消费和价格，尤其是贸易状况进行监测，为中国促进蔬菜和水果产业的持续发展，充分发挥果蔬出口优势提供相关政策建议。

二、中国的蔬菜水果贸易和市场特征变动及热点解析

中国作为全球重要的农产品贸易大国，蔬菜贸易地位非常突出，是全球第一大蔬菜出口国，存在巨大贸易顺差，但是近年来蔬菜贸易顺差有缩小趋势。同时，中国水果贸易地位也非常突出，是世界第五大水果出口国，但近年来出口形势不容乐观，2018 年已从水果贸易顺差转变为逆差。

（一）中国蔬菜水果生产特征变动

改革开放以来，中国蔬菜水果产业得到迅猛发展。从全国来看，根据中国国家统计局相关数据，2018 年全国蔬菜播种面积已经达到 2 044 万公顷，比 1995 年的 952 万公顷增长了 1.1 倍，同时，2018 年全国蔬菜产量已经达到 70 347万吨，比 1995 年的 25 727 万吨增长了 1.7 倍。中国水果产量从 1996 年的 4 653 万吨增加至 2018 年的 25 688 万吨，增幅为 4.5 倍；果园面积由 1995 年的 809 万公顷增加到 2018 年的 1 187 万公顷，增幅为 4.6 倍。

从区域流动情况来看，华北地区是主要的蔬菜产区，山东省、河北省和河南省是国内居于前三位的鲜蔬菜流出大省，流入的主要包括广东省、浙江省、

黑龙江省、江西省及北京市和上海市等经济发达、人口多的地区，或者不适宜蔬菜种植的地区。对于水果，河南省、山东省、新疆维吾尔自治区、陕西省和广西壮族自治区是位居前五位的水果生产和流出地区，而水果消费和流入地区主要为广东省、四川省、江苏省、贵州省和上海市。

值得注意的是，蔬菜和水果种植面积的扩张可能对中国粮食安全问题存在潜在影响。从全国总趋势来看，全国蔬菜播种面积和果园面积在改革开放后40年间分别增长了近5倍和6倍，而同期稻谷和小麦的播种面积分别下降了12.3%和16.8%。为了进一步说明蔬菜水果对粮食作物的替代效应，从数据来看，2010—2018年，谷物播种面积降幅排名前十位的省份中，有一半省份的果蔬种植面积的增幅也排在前十位，这5个省份分别为贵州、广西、四川、陕西和重庆。可以看出，这些地区主要是分布于西北、西部和西南部的非平原省份，这些地区的共同特点是在蔬菜水果种植上具有一定的气候和地理优势，而在粮食种植上又缺乏规模化、机械化的条件，农业比较效益促使农民转型种植蔬菜水果等收益高的经济作物，而粮食耕地越来越多被替代甚至撂荒。

（二）中国蔬菜水果的消费变动

随着社会经济的发展和居民营养健康饮食观念的提高，被称为“人类健康卫士”的蔬菜水果在膳食结构中的地位愈发重要。中华人民共和国成立至今，城镇化快速推进，城镇居民的收入水平实现跨越式增长，食物消费观念逐步由“吃得饱”向“吃得好”，再向“吃得健康”转变。蔬菜和水果富含维生素、矿物质及膳食纤维，而且能量低，具有保持人体肠道正常功能和降低心脑血管疾病、癌症等慢性病发病风险等重要功能。

从城镇居民人均主要食物消费量来看，蔬菜消费量在逐渐下降，从1992年的124.9千克减少到2017年的102.5千克。而水果消费量在持续上涨，2017年城镇居民人均水果消费量（54.3千克）是1992年（47.4千克）的1.14倍。从农村居民人均主要食物消费量来看，农村居民水果消费量由2000年的18.3千克上升到2017年的35.1千克，17年间增长了91.8%。蔬菜消费量同样呈现下降趋势，由2000年的114.7千克下降到2017年的102.5千克。

2017年中国城镇居民人均蔬菜和水果的消费量分别为102.5千克和54.3千克（相当于每天摄入蔬菜280.8克和水果148.8克），比2013年增长了2.40%和14.08%，但是仍然低于《中国居民膳食指南2016》推荐的每天300～500克的蔬菜和200～350克的水果摄入量。进入新时代，在推动1亿人在城镇落户、全面脱贫和全面建成小康社会等目标的作用下，中国的城镇化水平、城镇居民收入和健康观念将进一步提高，低热量、低脂肪、高纤维的健康营养食物不仅仅会变为一种时尚标签，也会成为一种生活方式。未来，中国食物消费模式将继续转型升级，蔬菜水果将扮演越来越重要的角色。

（三）中国蔬菜水果价格变动

2019年以来，异常天气和供给减少等因素导致鲜果蔬价格大幅上涨。2019年上半年，农业农村部重点监测的28种蔬菜的全国平均批发价格为4.39元/千克，同比上涨10.7%；重点监测的7种水果的全国平均批发价格为6.70元/千克，2019年上半年比2018年同期均价上涨22.3%。其中，番茄上半年均价的同比增幅达54.2%，大蒜2019年的最高价比2018年最低价提高了1倍；富士苹果和鸭梨的2019年上半年均价同比分别增长了44.5%和74.8%，2019年出现最高价月份的价格甚至分别同比提高了1.09倍和1.77倍①。

（四）中国蔬菜水果贸易变动

蔬菜和水果在中国农产品进出口结构中占据着重要的地位。2018年中国农产品出口中，蔬菜出口额占农产品总出口额的18.9%，排名第二，仅次于水产品，是少有的具备出口竞争力的农产品之一。水果出口额占农产品总出口额的8.9%，居于第三位；2018年农产品进口中，水果进口额占农产品总进口额的6.1%，居于第四位。

中国是蔬菜第一大出口国。中国作为全球重要的农产品贸易大国，蔬菜贸易的地位非常突出。一方面，根据农业农村部发布的数据，2018年中国的蔬菜出口总额达到152.4亿美元，进口总额仅为8.3亿美元，贸易顺差144.1亿美元，同比下降3.7%，是全球第一大蔬菜出口国，紧随其后的是出口竞争力逐步增强的荷兰、西班牙和美国。另一方面，在2018年中国农产品出口结构中，蔬菜出口约占19%，仅次于水产品，中国蔬菜第一大出口去向地由日本转变成了越南，占出口总额比重达到了14.3%，接下来是日本、中国香港地区、韩国和美国等。在蔬菜出口的产品结构方面，2018年的鲜冷冻蔬菜、加工保藏蔬菜和干蔬菜分别占总出口额的37.4%、31.4%和30.2%，从具体品种来看，干蘑菇是中国出口的第一蔬菜品种，占到了蔬菜出口总额的15.3%，大蒜和木耳位居第二、三位。蔬菜进口的结构中需要注意的是辣椒进口的剧

① 价格数据来源于农业农村部的农产品批发市场监测信息网，28种重点监测蔬菜的品种为：白萝卜、菜花、葱头、大蒜、冬瓜、豆角、胡萝卜、黄瓜、莲藕、南瓜、茄子、青椒、生姜、蒜薹、土豆、莴笋、番茄、菠菜、大白菜、大葱、韭菜、芹菜、生菜、洋白菜、油菜、香菇、平菇、西葫芦；7种重点监测水果的品种为：鸭梨、富士苹果、巨峰葡萄、香蕉、菠萝、蜜橘、西瓜。

增，辣椒和干辣椒的增幅超过14倍和近10倍。可见，虽然中国的蔬菜出口在世界农产品贸易中具有举足轻重的地位，但是仍然面临着竞争逐步加剧的格局，而且不同蔬菜产品的出口特征存在显著差异，需要从国内生产、销售、运输等多方面进一步提升中国蔬菜的国际竞争力，优化出口结构。

中国是居世界前五行列的水果出口国，2018年已从水果贸易顺差转变为逆差。中国水果进出口贸易的地位非常突出，一方面，根据农业农村部发布的数据，2018中国的水果出口总额为71.6亿美元，居于美国、荷兰和西班牙之后为世界第四大水果出口国，进口总额为82.4亿美元，是美国、德国、英国和荷兰之后的世界第五大水果进口国。值得注意的是，水果进出口贸易差额也由2017年的8.2亿美元的顺差转变为2018年的12.6亿美元的逆差。另一方面，在2018年中国农产品进出口贸易结构中，水果出口占8.9%，越南、泰国、美国、日本和俄罗斯为前五位的出口市场；水果进口占6.1%，泰国、智利、越南、菲律宾和美国为五大进口来源地。在产品结构方面，可以看出近年来中国水果贸易呈现出“高端进口、低端出口”的现象，出口的水果主要为苹果、梨、柑橘等量大价低的传统水果，而进口的多为价格较高的樱桃、葡萄、火龙果、榴梿等品种，这也是导致水果贸易自顺差向逆差转变的重要因素之一。

（五）中国和“一带一路”国家蔬菜水果贸易变动

蔬菜和水果也是中国与“一带一路”国家的主要贸易农产品，出口额占农产品比重的1/5左右。2018年是“一带一路”倡议提出的第五个年头，该年中国与“一带一路”国家的农产品贸易额达到了760.0亿美元，同比增长12%，高出中国农产品总体贸易增速4.3个百分点；2018年中国与“一带一路”国家农产品贸易额占中国农产品贸易总额的35.1%，出口额占41.6%，进口额占31.2%。其中，蔬菜和水果为中国对“一带一路”国家出口的主要农产品，2018年出口额分别占对“一带一路”国家农产品出口总额的23.4%和21.1%。水果也是主要进口农产品，其2018年的进口额占“一带一路”国家农产品进口总额的15.6%，其中热带水果进口额占比高达60%以上。未来中国与“一带一路”国家农业贸易合作将会进一步开放和深化，为蔬菜和水果的贸易增长提供了广阔的潜力和空间。

值得注意的是，中国与“一带一路”国家的贸易主要集中在东南亚地区，根据世界银行WITS贸易数据库的相关数据，2017年中国从东南亚国家进口水果、出口水果和出口蔬菜的金额占中国从“一带一路”国家总体的92.1%、68.9%和74.3%，可见，在“一带一路”建设逐步深化的未来，中亚、西亚、东欧、北非等地区的贸易增长潜力较大。

（六）中美贸易摩擦对中美水果贸易的影响

自2018年中美贸易摩擦以来，加征关税对中美以苹果和樱桃为代表的水果产生了一定的冲击，贸易直接效应和贸易转移效应明显。美国是中国重要的水果出口市场之一，但差异性的关税使得中国市场上从美国进口的水果被其他国家所替代。中国分两批次对原产于美国的苹果和樱桃加征关税。加征关税后，中国进口美国苹果和樱桃的关税税率从10%增加到了50%。

加征关税后，中国从美国进口苹果显著减少，由2017年的2.96万吨下降到2018年的1.81万吨，降幅高达38%；市场份额也由2017年的43%下降到2018年的28%，降低了15个百分点，这也直接导致新西兰超越美国成为第一大对华苹果出口国。中国从美国进口的樱桃也明显减少，2017年美国出口到中国的樱桃有2.7万吨，市场份额为27%，2018年下降到1.44万吨，市场份额为8%，同时中国的樱桃进口大部分转移到了智利，智利对华出口的樱桃由2017年的6.9万吨飙升到16.35万吨，增长了1.3倍。

（七）“开发进口”模式的形成——水果进口市场势力的案例分析

从中国水果的进口价格变化来看，与1992—2000年的平均进口价格相比，2001—2010年的进口水果平均价格涨幅为37.2%，2011—2017年的涨幅更是高达129.4%，这也显示中国水果进口平均价格存在大幅度持续上涨态势。说明中国水果进口市场可能存在显著的市场势力，这可能是长期以来中国水果进口价格上涨的重要推力。

课题组就此问题前往中国最大的水果进口市场——广州市江南果蔬批发市场进行了实地调研。通过与进口商、批发商的交流，我们发现中国从东南亚进口的龙眼、火龙果、榴梿和椰子等热带水果存在特殊形式的进口流通模式，我们称为“开发进口”模式。

“开发进口”模式的本质是水果进口渠道的转变：由分散、松散式的运营模式逐渐向紧凑型的一体化运营模式转变。具体而言，传统的水果进口方式中，国外生产者、国外贸易商、中国批发商是分别独立存在的，在成本最小化和利润最大化的驱使下，进口产业链各环节逐渐联合，形成了纵向一体化的趋势。新的“开发进口”模式主要包括两种类型：一种是松散型纵向一体化模式，生产者变成了国内公司，即国内水果生产者去国外种植水果，而贸易商和批发商同属于国内的另一家公司，比如中国A公司去泰国种植龙眼，然后卖给另一家经营贸易和国内批发的中国B公司，B公司将龙眼通过海关进口到国内，运输到江南果蔬批发市场。另一种类型是紧凑型的纵向一体化模式，在该模式下，生产者、贸易商和批发商都同属于一家中国的公司，比如 C 公司，C 公司完全实现了水果在国外生产、进口和批发的全过程，甚至有的公司还扩展到了零售端。

无论是松散型纵向一体化模式还是紧凑型纵向一体化模式，都可以将各环节之间的成本内化到同一个公司内部，达到降低成本、控制渠道、扩大市场份额的目标，在该过程中不可避免地会出现企业规模的扩大和市场势力的形成。

三、政策建议

由于中国正处于城镇化和工业化快速发展的进程中，伴随农业劳动力的转移、城镇人口的增加、蔬菜水果种植劳动力的减少以及蔬菜水果生产经营各项成本的增加，国内蔬菜水果的生产充满了挑战，蔬菜水果价格涨落的不稳定性因素必将长期存在。随着中国居民收入水平的提高，有益健康、低脂营养的蔬菜水果可能会成为消费者逐渐青睐的对象，在消费者膳食结构中的地位越来越重要，蔬菜水果价格波动可能会对消费者福利产生不小的冲击。蔬菜水果贸易也面临着愈发严峻的形势，蔬菜贸易顺差缩小、水果贸易由顺差转为逆差，遭遇非关税壁垒的事件频发，但是“一带一路”和自由贸易区建设也为中国蔬菜水果贸易带来了难得的发展机遇。

在此背景下，考虑到果蔬在国内生产和国际贸易中的严峻形势以及在消费中的重要地位，有必要建立以“促生产、保消费、重贸易、稳价格”为目标的蔬菜水果产业综合发展战略和安全保障长效机制，可以从以下几个方面入手：

（1）强化价格监测，建立价格预警体系。有必要建立和完善涵盖中国主要蔬菜水果出口国的市场价格、中国蔬菜水果进口价格、国内多级批发市场和国内不同零售业态的进口蔬菜水果零售价格等在内的一体化蔬菜水果价格监测体系、预警体系与发布体系，定期对整个价格体系进行价格信息的分析研讨和信息公开发布，保证进口蔬菜水果市场价格的稳定、公开与透明，尤其是规避和有效削弱水果进口市场势力、各产业链上下游市场势力的控价能力。

（2）选择主导品种，以点带面稳定价格。参照日本稳定指定蔬菜品种价格的政策，对于水果而言，科学选择苹果、梨、柑橘等大宗水果品种作为国内水果价格稳定的“压舱石”，有效识别主导水果品种的生长周期、供应周期和价格周期，尤其是供应周期中的供应短缺期，有效避免“三期重叠”效应对水果价格的冲击。同时，在蔬菜和水果的供应短缺期一方面要通过补贴等方式对应急上市的冷库果蔬进行补贴，另一方面参照政府对猪肉价格的稳定方案，加大进口调控力度，从而保障蔬菜水果的常年有效供应，避免供求失衡所带来的大幅价格波动。

（3）加强监管监督，促进果蔬市场公平。由于水果的国内各产业链环节以及进口市场内都存在一定的市场势力，有必要强化对整个水果市场产业链中关联环节运营者的监管和监督，这对于蔬菜产业链也同样适用，即政府应该出台相关法律措施，加强对蔬菜水果的进口商、国内批发商、国内零售商及零售平台的监管和调控机制，对利用资本手段等影响进口市场公平的对象进行有效管制和约谈；同时，也有必要建立市场参与者的共同监督和举报制度，构建一个“共同参与、共同监管、互相监督、利益共享”的市场，在条件具备时，有必要实行市场监管调查机制，对于严重违反规定的企业或个人可以采取法律措施，保障进口市场和国内市场的公平竞争环境。

（4）完善基础设施，建立水果储备计划。与蔬菜不同的是，水果的生长周期更长、经济价值更高、储藏期更长，尤其是中国主产的苹果、梨等水果品种，可以以仓储等基础设施建设为抓手，加强对水果种植用地范围内基础设施的投资力度，给予建设水果冷储仓库设施的财政补贴，并依托冷库建立国家水果储备战略计划，生产者可以选择是否加入该计划，加入该计划的水果生产者可以低价使用国家建设的冷库，从而降低农民的生产成本、提高纯收益，一旦发生市场价格的波动，国家有权调动库存水果的上市并给予农民一定的补贴。

（5）推出果蔬补贴，切实保障农民利益。蔬菜和水果都属于经济价值较高的农产品，水果价格的波动尤其是价格下跌时会显著影响农民的收入，比“谷贱伤农”要严重得多。参照日本稳定蔬菜价格的方案，一方面可以设定生产者收入保险基金，在蔬菜水果价格跌幅超过启动条件（比如近5年平均价格的80%或60%）时给予生产者价格补贴的支持，也可以参照中国给予特定人群发放猪肉价格临时补贴的政策实施方法。另一方面，可以效仿日本果树茶树的综合性支持政策，可以针对果树的改种、嫁接、小规模园地土地整理和改种后未达到盛果期的收入较低时期进行的补贴。

（6）引导消费市场，保障消费者福利。蔬菜水果由于低脂营养、有益健康的特性而逐渐受消费者青睐。为了防止和减轻蔬菜水果价格上涨带来的消费者福利损失，从政策层面进行精准补贴是切实保障消费者福利的有效“抓手”，要逐步建立果蔬价格临时补贴制度，在果蔬价格波动剧烈时，给予低收入群体适当的补贴，配合蔬菜券、水果券等定向手段，让居民福利得到保障。同时，在果蔬消费的重点群体逐步向高收入人群转移时，也要重点关注果蔬价格上涨对高收入群体的影响。

(7) 推动“一带一路”，强化自贸区建设。在国内对进口水果需求旺盛的背景下，鉴于未来中国与“一带一路”国家农业贸易合作将会进一步深化，而这些国家中有很多是以农产品等初级产品为重要出口对象的国家，且来自这些国家的进口水果规模呈上升态势。因此，有必要加强对这些国家和地区的水果贸易的预警、监测和监控，以有效规避进口市场势力的形成，推动建立公平的进口水果市场。同时，积极推动中日韩自贸区、东盟自贸区、RCEP 自贸区的建设，让中国的蔬菜水果进一步“走出去”，减缓果蔬贸易的严峻形势。

(8) 注重品质管理，破解非关税壁垒。鉴于中国蔬菜水果的出口频频遭受 SPS 措施等非关税壁垒的影响，一是要建立和完善国内的果蔬质量标准安全体系，与国际接轨，根据国际标准制定国家、行业和企业标准，并详细规定农药、微生物等有害因素的允许量、质量分级标准、包装运输标准、环境标准等。二是要建立完整的可追溯系统，与互联网、区块链相结合，从生产到销售，全产业链的信息都可查询。三是要实施差异化的出口战略，对于美国、日本、欧盟、俄罗斯等标准严苛的发达国家和对东南亚等标准相对宽泛的发展中国家实施不同的出口策略。四是要完善 SPS 措施的预警机制，相关部门要及时收集、整理和发布相关国家的 SPS 措施通报情况。最后要主动出击，积极挑战国外的 SPS 措施，在遭受 SPS 措施通报后，成立专家组，积极运用 WTO 争端解决程序开展谈判。

图书在版编目（CIP）数据

国际农业研究．2020 / 农业农村部农业贸易促进中心编．—北京：中国农业出版社，2021.5
ISBN 978-7-109-28278-0

Ⅰ．①国… Ⅱ．①农… Ⅲ．①农业经济-研究报告-世界-2020 Ⅳ．①F31

中国版本图书馆 CIP 数据核字（2021）第 095990 号

中国农业出版社出版
地址：北京市朝阳区麦子店街 18 号楼
邮编：100125
责任编辑：徐　晖　张雯婷　　文字编辑：耿增强　张雯婷
版式设计：杜　然　　责任校对：吴丽婷
印刷：北京中兴印刷有限公司
版次：2021 年 5 月第 1 版
印次：2021 年 5 月北京第 1 次印刷
发行：新华书店北京发行所
开本：720mm×960mm　1/16
印张：11.5
字数：205 千字
定价：45.00 元
